増補改訂版

イラストで見る

接客の基本とコツ

カフェ・レストラン…テーブルサービスの教科書

エブリワーク代表
渡邊忠司 著／山崎真理子 絵

Gakken

これからサービスの仕事に従事するあなたへ

ホールスタッフに求められるサービスの真髄は「水」の性質に似ています。水は、自然の流れに逆らわず、周囲の環境や器の形に合わせて変化します。しかし、H_2Oという水の本質は変わりません。

接客の基本やテクニックのコツを身に付けていくことは、この変わらない水の本質を知るようなものです。基本を身に付けるには、繰り返し練習が必要ですし、時間もかかるでしょう。しかし習得できれば、いつでも一定のクオリティーを維持したサービスができるようになります。

そしてもうひとつ大切なことは、常にお客様への感謝と接客する喜びの気持ちをもつということです。その気持ちがお客様への思いやりや気配りにつながり、丁寧で好感のもてる心のこもったサービスになっていくのです。

いつも変わらない基本の技術と真心をもって接客することで、器に合わせて変化する水のように、私たちがお客様の要望に合わせてサービスを追究するホスピタリティーと呼ばれる理想的なおもてなしが可能になるのです。

本書の初版が発行された2018年からわずか5年の間に、世界は新型コロナウイルス感染症を経験し、アフターコロナ時代に入りました。この時代の変化に柔軟に対応し、感染症対策やインバウンドへの対応などを含め、新しい時代に合ったサービスのあり方に修正を加え、この改訂版といたしました。どうぞ本書を参考に、技術と心を磨いてワンランク上のサービスができるように努めていきましょう。

先輩ですごく
動きが滑らかで
きれいな人がいるの。
あんな風にできたら
いいなって
思うんだけど……

この前、お客様の
お連れの赤ちゃんが
長い間泣き止まなくて
大変だったの。
気持ちばっかり
焦ってしまって……

お客として受けた格式高い接客に憧れて、
念願のホテルに入社。
レストランに配属され、サービスの実践を学ぶ日々。

街の洋食屋勤務。サービスを学ぶうちに、

「お客様においしい料理を楽しく食べていただきたい！」

と思うように。

素直で努力家だが、あがり症な一面も。

たまにお客様から
イラっとされることが
あるんだ。
普通にやってるつもり
なんだけど……

昨日オーダーをうっかり
間違えちゃって
メモをとったつもりが、
自分でもなんて書いたか
わからなくてさ……

学生時代から通い詰めた、
こだわりのフレンチレストランに就職。
勉強家で、４人のうちで一番料理に詳しいが、
自信家で、誤解されやすいところも。

ダイニングバー勤務。
お酒とおしゃべりが大好きな盛り上げ役。
いまは将来自分で店を開くための修業中。

1 ホールスタッフとしての基本

2 テーブルサービスの基本

3 見えないサービスの基本

4　テーブルセッティングの基本

5
トラブル対処の基本

この本の使い方

この本に登場するのは、ホテルや街のレストラン、喫茶店、バーなど、さまざまなスタイルの飲食店です。店のスタイルによって、来店されるお客様のご要望は異なりますが、サービスに求められるホスピタリティーはおなじです。

この本では、ホテルで必要とされるサービスの技術、知識を基準として紹介しています。

それさえ知っておけば、あとはあなたの店のスタイルに応じて、思いのままに活用するだけです。

本書を読めば、接客の動作や、皿の持ち方など、店で一度教わっただけではわかりにくい部分もじっくり理解できます。

動画での解説が効果的なページには、動画を用意しました。各ページのタイトル下のQRコードのリンク先からアクセスし、動画で動作の流れをチェックすることができます。

これからサービスの仕事に従事する人は技術の習得に、すでに従事している人は、さらなるステップアップに役立ててください。また、新人にサービスを指導する人にとっても、役に立つ指南書となるはずです。

「英語」「中韓国語」音声の聴き方

本書には、「英語」「中韓国語」の音声動画がついており、左記の2次元コードからアクセスすることができます（書籍のページ換算で約120ページ相当）。海外からのお客様との会話のトレーニングの参考になります。

「英語（会話・単語）」は、上記の２次元コードよりアクセスしてください

「中韓国語（会話・単語）」は、下記の2次元コードよりアクセスしてください

＊それぞれの動画中のページ画面について、①「英会話」はP004、②「英単語」はP050、③「中韓国語会話」はP004、④「中韓国語単語」はP056より、ページがスタートします。

1

ホールスタッフとしての基本

ホールスタッフ　きほんの　き

おはようございます！

サービスは、開店前からはじまっている！

出勤は余裕をもって

出勤時は、ゲスト用の入り口ではなく、従業員入り口や通用口から入ります。

持ち場には、時間通りにスタンバイできるよう、それまでに制服に着替えて身だしなみをチェックし、仕事につける準備をします。

あいさつはチームワークの第一歩！

持ち場につく前に、調理場、洗い場、ホールの方々に「おはようございます」「よろしくお願いします」とあいさつします。

自分が先に帰る場合には「お先に失礼します」、先に帰るスタッフには「お疲れ様でした」と声をかけましょう。

貴重品、高級品はサービスには不要！

勤務先によっては、貴重品ロッカーがない場合もあります。紛失や盗難のリスクを避けるため、手荷物は最小限にとどめ、貴重品は持ち込まないようにしましょう。

高価な品物の持ち込みは、店に負担をかけることにもなります。

！ 気をつけよう！

「ご苦労様」の使い方

「ご苦労様でした」は、同僚や目下の人に向かって使う言葉。目上の人に向かって使うのは失礼にあたります。

ご苦労様でした！

【ホールスタッフ】お客様の前に出て、接客をするスタッフのこと

まずは、お店のことを知る

テーブルはいくつ？席は何席？

店のテーブルには、それぞれ番号が決められています。

お客様を席へ案内する際や、オーダー・サービスをする際にはテーブル番号を覚えておかないとトラブルが発生する原因となります。必ず確認するようにしましょう。

多く聞かれるメニューに関して

すぐに対応できるように把握しておきます。フランス語や英語で表記されているメニューの内容も理解しておきましょう。

耳で聞く→文字を書いて見る→声に出して確認するというように五感を使うと情報の理解が早くなります。

周辺施設をチェックする

トイレ、タバコの自動販売機、喫煙所、売店、館内の施設等、お客様から聞かれそうな場所を覚えておきます。

店の周辺に観光地や景色のよい場所がある場合には、それらの名称や場所を答えられるようにしておきましょう。

ひとつのテーブルの中にさらに席番号が決められていることも。「手前の席からABCD」というように、お客様を特定できるようにしておくと、サービスをする際にとても便利です。

最寄駅など、お客様から聞かれそうな場所までの距離や時間も頭に入れておきましょう。

メニュー把握のポイント

- 日替わり料理は？
- 本日のスープ、デザートなどは？
- セットメニューのドリンクは？
- 本日のおすすめは？
- ○○ソースとはどのようなソース？
- 付け野菜の名前や料理に使われる食材の名前は？
- コース料理の種類と違いについて
- メニューの名前とその味について

開店1分前にはお店の入り口に向かって立ち、お客様をお出迎えしましょう。

1

ホールスタッフとしての基本

ホールスタッフの役割分担

ディシャップ
キッチンとホールの間に立って、ホール内の状況とキッチンの調理の進捗状況を把握し、店内全体をコントロールしたり、ドリンクやコーヒーなどの管理をしたりする重要な仕事です。
バススタッフ
ウェイター／ウェイトレスの補助的業務が主で、店内の清掃、備品の準備、テーブルセッティングなどを行う。
ウェイター／ウェイトレス
直接お客様のサービスにあたる中心的なスタッフ。接客だけでなく、店内の清掃、備品の準備、テーブルセッティングなど、様々な業務を担当します。
クローク
お客様の上着や手荷物など、貴重品以外のものを預かり、管理します。
キャッシャー
スタッフから注文伝票を受け取り、レジで会計します。

スチュワード
キッチン内で、備品の管理を行います。料理を盛るための皿の準備や、洗いものを担当し、お客様の目に触れない場所で活躍します。
マネージャー／支配人
レストラン全体の統括責任者。スタッフの指導や店の管理・運営など、レストランに関わる業務全般を取り仕切ります。
ソムリエ／ソムリエール
ワインの購入、管理、サービスなどを担当する専門職。ワインだけでなく、食前、食事中、食後にサービスするすべての飲料を把握しています。
キャプテン
「黒服」ともいい、現場の責任者としてスタッフに指示を与え、マネージャーを補佐します。テーブルサービスについて豊かな知識や経験を持ち、ホールスタッフとともに接客も行います。

ホールスタッフの身だしなみ

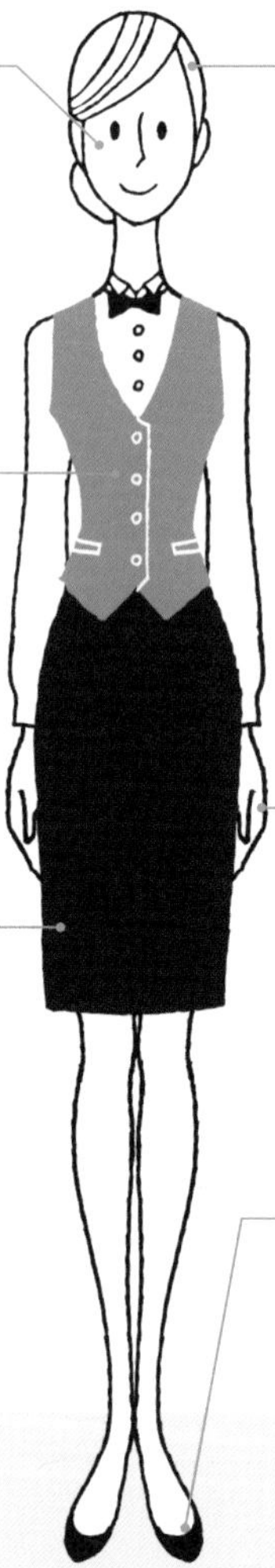

【化粧】
派手なメイクは避けます。ただし、ノーメイクはNG。アイシャドーや口紅は薄めにして、最低限のメイクはすること。

【頭髪】
髪型や髪のカラーについては、お店のルールに従いましょう。髪がお料理に入らないように長い髪は束ね、前髪はピンで留めるとよいでしょう。ゴムや髪留めは黒か紺の目立たないものに。

【ユニフォーム】
清潔でしわのないものを着用。上着のボタンはすべて留め、ポケットに物を入れすぎないようにしましょう。ネクタイやネームプレートが曲がっていないか注意します。

【アクセサリー】
原則、勤務中は身につけません。ただし、装飾性の低い結婚指輪などは許可されている場合も。

【におい】
整髪料や化粧品、洗剤は、できるだけにおいのないものを。香水も使用を控えて。勤務前はにおいの強い食べ物は避け、サービス前や食後には必ず歯磨きをします。喫煙者は指先についたにおいも洗い落とすこと。

【足元】
靴は汚れやかかとの減りに注意し、よく磨いておきます。男性の靴下は黒か紺、女性のストッキングは肌色系、無地、薄手のものが基本です。

上質なサービスは身だしなみから

身だしなみに、笑顔をプラス

飲食店の身だしなみには、清潔感が欠かせません。襟元のシワや汚れは目につくので気を配りたいポイント。

身支度が整ったら、「鏡の前でニコッ」と笑顔をチェックしてみましょう。お手本にしたいのは、赤ちゃんの笑顔です。口角が上がって、目も笑っています。見ているだけでまわりを和ませる、絶対的な存在です。

オーダーが立て込んだり、お待ちのお客様がたくさんいらっしゃるような忙しい場面でこそ、笑顔は効果を発揮します。お客様にとっては安心感が得られ、サービスをする自分の心にも余裕が生まれるのです。

【ひげ、鼻毛】

毎日きちんとそります。

【ポケット内の備品】

オープナー（栓抜き）、メモやボールペン、伝票、トーション、時計など。ボールペンはインクが十分入っているかもチェックします。

【指先】

爪は、男女とも伸ばさずに短く切りそろえます。女性のマニキュアの可否は、お店の方針を確認して。つける場合は、透明色の目立たないものに。

【頭髪】

男性は短めに。店の雰囲気に合わせた清潔なものにしましょう。香りつきの整髪料などは控え、特にフケには注意。

【トーション】

別名アームタオル。サービス時、3つ折りか4つ折りにして左手にかけ、水ピッチャーのしずくが落ちないように添える、テーブルにこぼしたときに拭く、熱い皿を持つなど、幅広く使います。ダスター代わりに使うのはNG。

気をつけよう！

「ひねり式」「ノック式」VS「キャップつき」

キャップつきのボールペンは、着脱に手間がかかるだけでなく、落として料理に入ってしまう可能性もあるので避けましょう。同様の理由で、シャープペンシルもNGです。

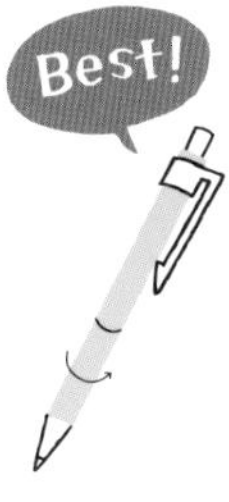

いつも見られていることを意識して

たくさんのお客様に囲まれて接客するホールスタッフは、常に見られている存在です。たとえ無意識であっても、無愛想な表情、立ち居振る舞いは一瞬たりとも御法度。バックルームに下がる度に、鏡を見る習慣をつけると、自然と意識が高まります。

1

ホールスタッフとしての基本

ミーティングで確認すること

スタッフ全員がしっかり把握して スムーズな連携を

メモや返事は欠かさずに

ミーティングでは、必ずペンとメモ用紙を用意し、指示に対して返事や反応をはっきりと示します。

「メモをとる」「うなずく」などの態度は、上の人にやる気と安心感を感じさせ、仕事を任せられる機会が増えることにもつながります。また、経験を重ねることで、さらに仕事をこなせるようになります。

これは飲食店の仕事に限らず、どんな業界の仕事にもいえることです。

ミーティングの役割

ミーティングでは、前日までの反省やミス、苦情の報告、売り上げの目標、サービスで意識する点など、様々なことを話し合います。スタッフのチームワークを高めるために役立てましょう。

当日従事するスタッフの体調を確認すること、誰が何時に入って何時に上がるのかを確認することも忘れずに。

些細なことでも伝え合い、改善する意識を共有することがサービスの向上につながります。

□身だしなみは大丈夫?
頭髪やひげ、化粧、爪、靴、制服の汚れなどを相互チェックします。

□手洗い・うがいは?　体調は大丈夫?
消毒液や洗剤をつけて手洗いをすることで感染症や食中毒の防止に、うがいをすることで口臭や風邪予防につながります。もし体調が優れない場合はこの時にきちんと報告をしておきます。

□身につけておく持ち物は?
ボールペン・メモ帳・栓抜き・ハンカチなど業務中に必要なものの所持は忘れないように。

□携帯電話や貴重品は預けた?
勤務中の携帯電話の所持や使用は禁止です。とくに携帯電話は大腸菌などが付着している可能性も高いので衛生面からもよくありません。財布などの貴重品も所定の保管場所に預けて管理してもらいます。持ち込みが必要な場合は責任者の承諾をとるようにしましょう。

□SNSの書き込みは禁止
スタッフによる店内バックヤード(裏方)の撮影や、店で知り得たお客様に関する情報は一切口外してはいけません。店内の出来事や職場の愚痴なども安易にSNSへの書き込むことは慎みましょう。

□各担当と割り振りを確認
予約状況に合わせてテーブル配置が変更されることがあります。その日の配置に合わせたテーブル番号を確認しましょう。役割分担もスタッフの出勤状況や予約状況によって変更されます。サービススタッフも数名ずつのチームに分かれてサービスするのが一般的。自分の役割やどのチームなのかなどを確認しましょう。

□メニューの確認を
コース料理がある場合はメニューの変更の有無、当日の特別メニューなども聞いておきます。そのほか食材、調理方法、味、ソース、カロリー、量、調理に必要な時間など、理解できていないことは確認しておきましょう。

□予約客やVIPの確認とその対応について
当日、予約の入っているお客様については、氏名、人数、来店時間、テーブル番号、料理内容、アレルギーの有無などを確認します。また、VIPのお客様の場合は、嗜好についても再確認します。その他、子ども連れ、車いすの方、バースデーの方、大人数の団体など特別な用意が必要な場合はあらかじめ準備を進めておきます。

【VIP】Very Important Person 要人や重要顧客という意味で、お店にとって重要な顧客や人物を指します。

□引継ぎ連絡やシフトの変更は大丈夫?
出勤時間が異なるスタッフの担当を引き継ぐときには、忘れ物の有無などの伝達事項や注意点を伝えることを忘れずに。確認・連絡事項を伝達するための共有ノートやメッセージボードなどを使い、確実に伝えられるようにすることが大切です。

おもな伝達事項
- お客様の忘れ物
- 予約変更
- 従業員の早退・欠席
- お客様からのクレーム

□本日の売上目標・行動目標を意識する
売上目標は店にとって重要な課題です。また、各スタッフの行動について目標を立てていることもあります。しっかり確認し、意識をもって仕事ができるようにしましょう。

□注意事項・禁止事項
マネージャーから業務上の諸注意がある場合は、しっかりメモに記入しておきましょう。

1

ホールスタッフとしての基本

美しく見える基本動作【立ち方・歩き方】

立ち方の基本

基本の型

　まず大きく息を吸い込み、胸を張って、つむじの辺りが上へ引っ張られるような感じで、あごを引いて立ちます。自然とお腹がへこみ、身体の重心が上半身にくればOKです。視線が真っすぐ正面を向くよう意識しましょう。そして、足の裏全体に体重がかかるように意識して、「気をつけ」の姿勢をとります。

　体重を足の裏全体で支えられない靴は、長時間の立ち仕事には適さない靴だといえます。

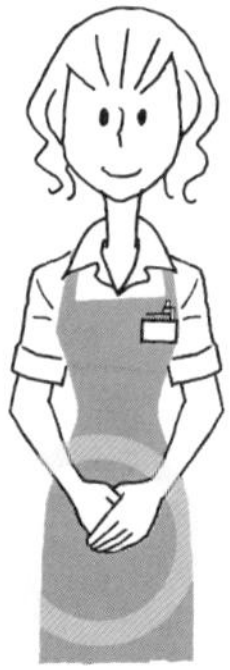

両手は、指先を閉じて、脇の下から指先までまっすぐ伸ばすことを意識して身体の横につけるか、左手で右手をつかむようにして、両手の指先を体の前で重ねます。手を前で重ねるときは、少しひじを上げて脇とひじの間に隙間をつくることで身体のラインを美しく見せることができます。

息を吐ききった状態だと、力が抜け、猫背になり、あごが前に出てしまいます。下腹が前に出て、身体の重心が足の方にあるのはよくない姿勢。

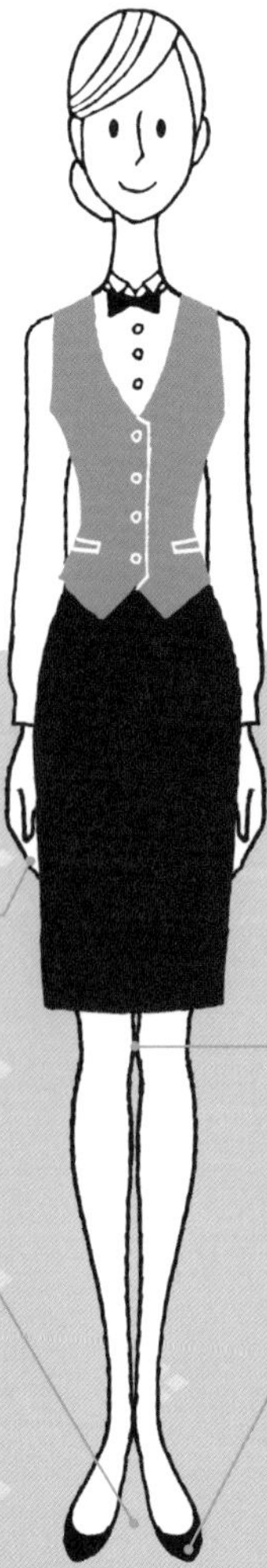

指先をとじてまっすぐ伸ばし、身体の横につけます。

ひざとひざの間の隙間が気になる人は、どちらかの足を少し後ろに引いて立つことで足元のラインが美しくなります。

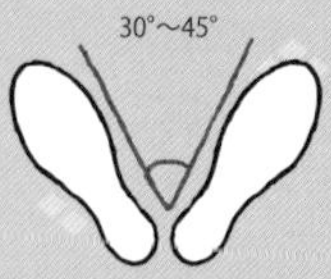

かかととかかとを合わせて、つま先は男性は約45度、女性は約30度に開きます。

両足をそろえ、体重を正しく足の裏全体で受け止めるようにして立ちます。体重を足の裏全体で支えられる靴を選びましょう。

動画でくわしく

支点を意識して疲れにくく！

基本的には、足の裏全体で体重を支えます。疲れてきたときには、両足のつま先で体重を支えるようにします。つま先が疲れてきたら、今度は両足のかかとに体重を移します。

要するに、体重を支えながら前後に重心移動をすれば、お客様に正面から見られたときには身体の軸がぶれないので、きれいに立っているように見えるのです。

また、そうすることによって身体への負担が軽減され、長く立っていることもできるようになります。

片足で体重を支える「休め」の姿勢は、身体の軸が左右にぶれるので、遠くから見てもだらしなく見えます。また、結果的に疲労も増します。

手を後ろで組んだり、腕組みをする姿勢は、横柄な態度に見えるのでよくありません。

重心を前後に移動させることにより、美しい姿勢を長時間保つことができます。

CHECK!

猫背かどうか調べてみよう！

壁を背にして後頭部、肩甲骨、臀部、かかとを壁につけて、まっすぐ前を見るように立ちます。その時に後頭部が壁から離れたり、前のめりになったり、顎が上がったりすると猫背ということです。

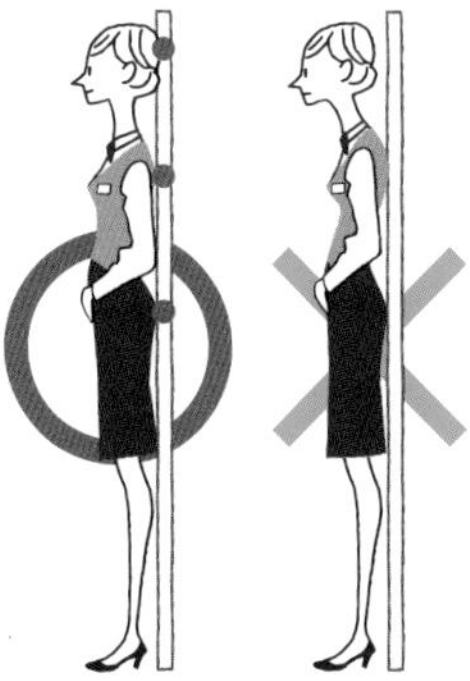

ホールでの待機のしかた

特定のお客様を直視せず、常にフロア全体をまんべんなく見渡すようにします。

スタッフどうしの会話は、業務連絡でも顔を向き合わせない程度にさりげなくすると、お客様に不快感を与えずにすみます。

3番テーブル おねがい
了解

気をつけよう！

「大声」VS「ひそひそ声」

大きな声で、仕事に関係のない話をするのはもってのほかですが、ひそひそ声も意外と気になるものです。また、お客様のいる方向を見ながら話すと、お客様は「自分のことを噂されている」と思ってしまうこともあるので注意が必要です。

歩き方の基本

端々まで意識して美しく

歩き方も、基本姿勢は立ち方とおなじです。指先・足先に意識を向けると、動きに無駄もなく美しい印象を与えることができます。

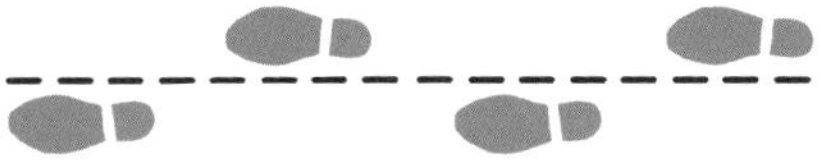

【足の進め方】
1本のラインを中心にして左右交互に進む

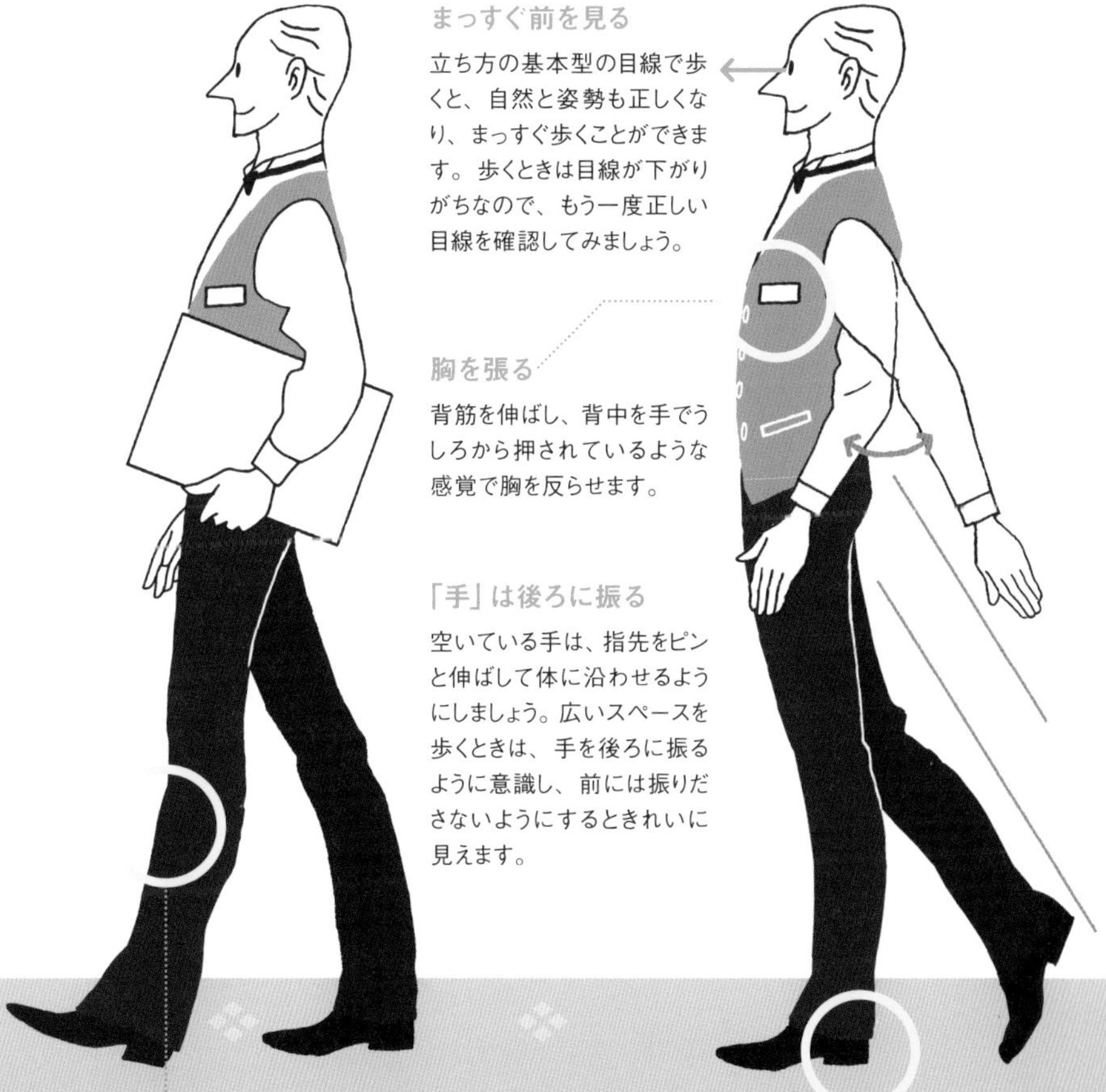

まっすぐ前を見る

立ち方の基本型の目線で歩くと、自然と姿勢も正しくなり、まっすぐ歩くことができます。歩くときは目線が下がりがちなので、もう一度正しい目線を確認してみましょう。

胸を張る

背筋を伸ばし、背中を手でうしろから押されているような感覚で胸を反らせます。

「手」は後ろに振る

空いている手は、指先をピンと伸ばして体に沿わせるようにしましょう。広いスペースを歩くときは、手を後ろに振るように意識し、前には振りださないようにするときれいに見えます。

「ひざ」はまっすぐ伸ばす

太ももは上にあげるようにしてひざを前に出すと、かかとを地面にこすらずに歩けます。

「かかと」から下ろす

足は意識してかかとからおろすと、無駄な音がたたずきれいに歩けます。

美しく見える基本動作【お辞儀】

より丁寧なおじぎ「語先後礼」
意識しないと頭を下げ始めるタイミングで発声しがちですが、言葉をかけ終えてからお辞儀をすると、より上質な印象を与えることができます。

ひざを曲げずにお尻を突き出すと背筋の通ったきれいな姿勢に

お辞儀は、人格をも想像させる

お客様を見ながら

しっかりお客様の目を見ながらお辞儀を始めます。徐々に自分の足元へ視線を移すようにすると、背筋の伸びたきれいなお辞儀になります。

お尻を突き出す感覚で

「お尻を突き出すなんて」と感じる人もいるかもしれませんが、背筋がピンと伸びたきれいなお辞儀の原型ができます。ひざを曲げずにお尻を後ろに突き出す感覚がポイントです。首も自然と上を向き、胸もきれいに張れます。

首を前に倒し、下を見ながらお辞儀をすると背中は必ず丸くなってしまいます

視線を移さないと、あごを突き出したような印象に

動画でくわしく

お辞儀の種類

お辞儀には、曲げる腰の角度によって会釈・敬礼・最敬礼があり、それぞれ用途によって使い分けます。またスピードを変えることで印象を変えることができます。速くすると元気に、ゆっくりすれば丁寧な印象になります。

【会 釈】

「おはようございます」「お疲れ様でした」など人とすれ違うときや、テーブルから声をかけられたときなど、少し立ち止まって、軽く挨拶するときのお辞儀です。角度は15度程度。にこやかな表情を心がけると印象がよくなります。

【敬 礼】

一般的な挨拶やお客様の出迎えや見送りをする際など最もよく使うお辞儀で、角度が 30 度程度。下げるスピードよりも上げるスピードを若干遅くした方がスマートに見えます。下げたところで動作を一瞬止めたり、スピードをゆっくりすればするほど丁寧な印象に。

【最敬礼】

謝罪や感謝の気持ちを伝えるとき、特別なお客様へ対応をするときなど、強い気持ちを相手に伝えたいときにするお辞儀で、普段から頻繁にするものではありません。角度は 45 度程度で、頭を下げたところで動作をしっかり止めて、一呼吸おいてからゆっくりと身体を起こします。

1

ホールスタッフとしての基本

テーブルサービスの基本動作

流れるような動作でサービスを

右出し、左出しも万全に

ドリンクや料理をお客様の前にサービスする際には、基本となる一連の動きがあります。

元々はドリンクはお客様の右から、料理は左からサービスするのが原則でしたが、最近は料理も右からサービスすることがあります。お客様が右手で飲み物を取ろうとされるとぶつかるので、そこを注意しながらサービスします。

プラッター盛りの料理やスープチューリンなどの取り分けるサービスは左からします。

お客様の斜め後ろから「お待たせ致しました」とひと声かけて左足をかるく踏み出し、同時にトレイの上の皿を右手に持ち替えます。

左手の手のひらと左足のつま先を軸にして、お客様を囲むようにしながら右足をテーブルのすぐ近くまで踏み込んで身体の重心を移動させます。

Close Up! 1

皿の持ち方

左出しの場合は、皿を時計として考えたとき、8時の位置を持つようにします。右出しの場合は、4時の位置を持ちます。どちらから出すかによって指の添え方が変わります。

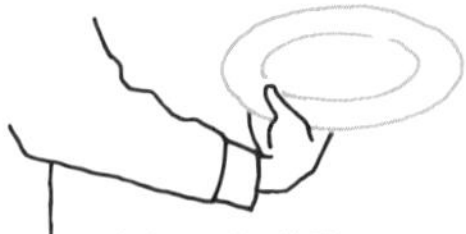

左出し8時の位置

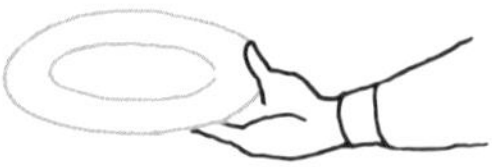

右出し4時の位置

Close Up! 2

足を踏み込むとき

踏み込んだ右足に体重を移します。両足に体重がかかっていると、右手の届く範囲が狭く、うまく皿を出せません。体重が右足に乗ったときに、左足を浮かせても安定感があるか必ず確認を。

動画でくわしく

Close Up! 3

きれいなサービス

右手を皿の下から抜くときは、指をまっすぐに伸ばして指の先まで意識を集中し、カタンと音が出ないようにします。お客様にはスタッフの姿は目に入りませんが、この指先を意識したサービスは目に入り、丁寧にサービスをしてもらっている印象が残ります。

料理の向きを確認し、音を立てないように静かに指を抜きます。そして左足の角度を変え、右足を引いて下がります。

右手の皿を置く前に必ず一度左手のトレイが安定しているか確認します。そしてお客様の前から、グラスに当たらないように注意しながら皿を降ろすようにして置きます。

左足は右足に対して90度外に向け、左足のつま先もピーンと伸ばすことできれいな姿勢をつくります。このときに左足の上に左手があることで重いトレイも安定して持つことができます。

背すじを正して、直立の姿勢をとってから、一礼して下がります。

下がるときは、後方にも意識をめぐらせ、安全を確認してから下がります。

サービストレイの持ち方

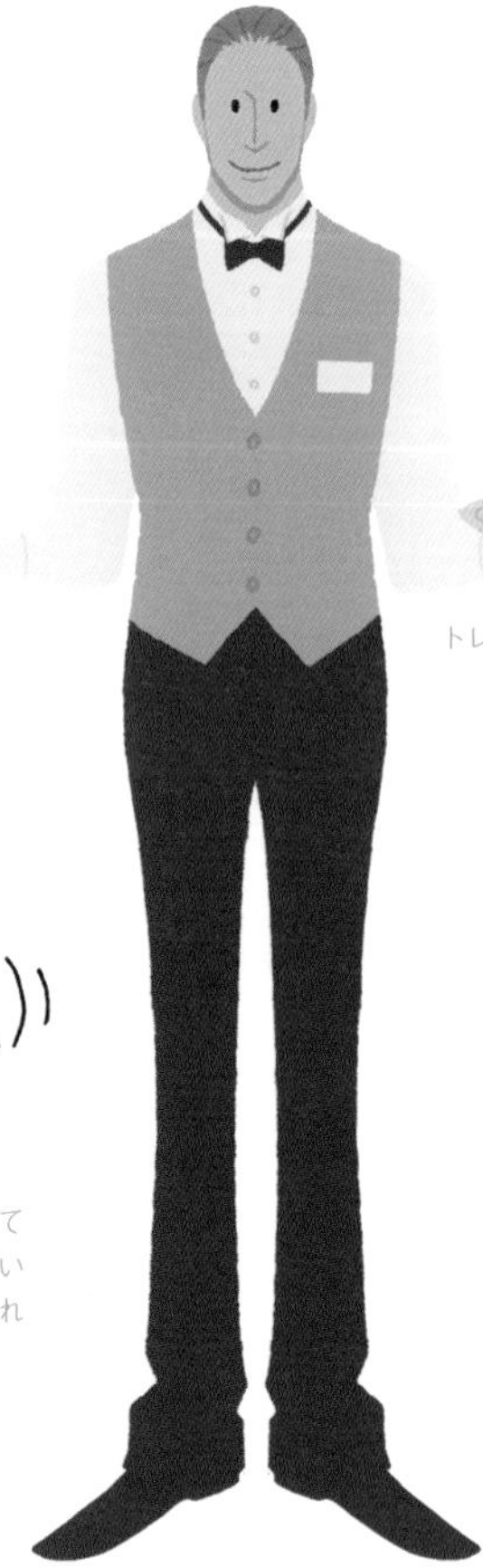

トレイの奥に手のひらを当てて持つのもNG。腕にのせている分安定するようにも思われますが、左右は不安定に

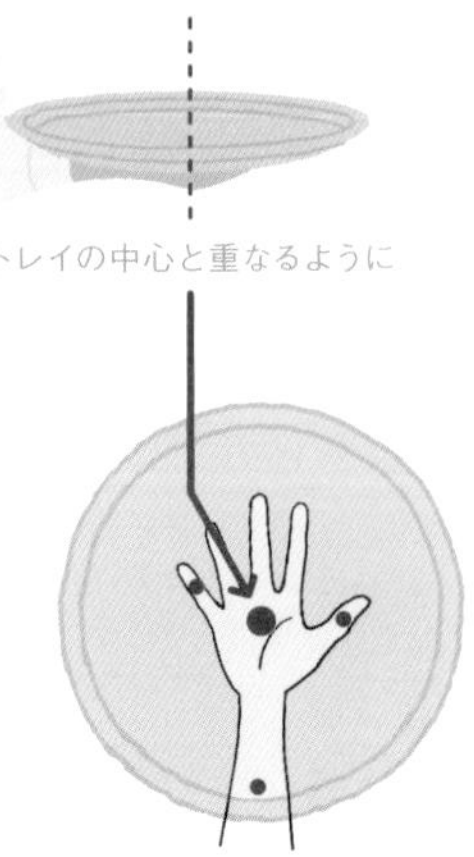

指をしっかり開き、親指と小指の腹、手首の上あたりの3点で三角形を描くように支えて。指を立てて持つ持ち方は安定しないのでNG

持ち方の基本

正しい支え方

体の正面に対して、左腕を45度開いて構えます。

正面で持つと、服が汚れたり、抱え込む姿勢になってしまいがちなので注意しましょう。左手の手のひらの中心がトレイの中心にくるように当てます。手のひらは指をまっすぐにし、しっかりと開いてバランスよく。

トレイを固定する

トレイを持つときは、脇を締めて、肘《ひじ》を90度に曲げたときの位置が理想です。慣れないうちは高めに持ちがちなので、低めに持つように意識します。

トレイが動かないようにできるだけ腕の位置を固定しましょう。

腕と手の平でトレーを抱え込むように持つと、料理を載せたときに左右のバランスが崩れてしまう

高い位置で持つと、視界が高くなるので平衡感覚を保てずバランスが不安定に

動画でくわしく

トレイを安定させるために

バランスの取りやすいものから順に置きます。手のひらの真上になるトレイの中心から置き、バランスの取りにくいものは手前に置いて、倒れてしまった場合にもお客様に被害のないようにします。

常にトレイが傾かないよう意識して。

重いトレイの持ち方

肘を後ろにひき、脇を締め、腰骨に腕をのせるようにすると安定します。腕の力だけで支えようとするとバランスが崩れやすくなります。

背が高く、倒れやすいもののまわりを、背の低いものや安定しているもので囲んで固定する方法も

トレイのみを持つときも、常に手のひらにのせるようにし、トレイの表面・裏側がお客様から見えないように運ぶのが基本

トレイはお客様の目に触れないように

トレイは料理だけでなく、食後の器も運ぶため、意外と汚れているもの。

また、長く使い込んだものは清潔にしていても傷や変色のため、美しくありません。難を隠すためにも、持ち方は重要です。

ナプキンなどを使用

シルバー類など、直接お客様の口に触れるものを運ぶときは、トレイにナプキンやトーションなどを敷いてからのせます。

ナプキンが大きいときは、トレイのサイズに合わせてたたみましょう。

皿の持ち方

サービスの清潔感と効率を上げる

基本の持ち方

皿のふちに指をかけ、指紋がつかないように意識します。指の腹ではなく、関節のあたりで支えるようにして。店によっては、白手袋を着用してサービスすることもあるほど、皿に指紋がつくことは嫌われます。冷やした皿は指紋がつきやすいので細心の注意が必要です。

3枚持ち

左手に２枚、右手に１枚で３枚の皿を持つ方法。一般的に広く使われる持ち方で、サービスの未経験者でも簡単に身につけられる方法です。まず１枚目の皿は、親指と小指以外の３本の指で下から支えるように持ちます。

２枚目の皿は、親指・小指の付根と手首あたりに皿の底がくるようにしてのせます。１枚目は中指の力加減で皿が傾いてしまうので要注意。

３枚目は右手で持ちます。いずれも指の指紋をつけないよう注意します。

1 親指と小指は上から皿に添わせる

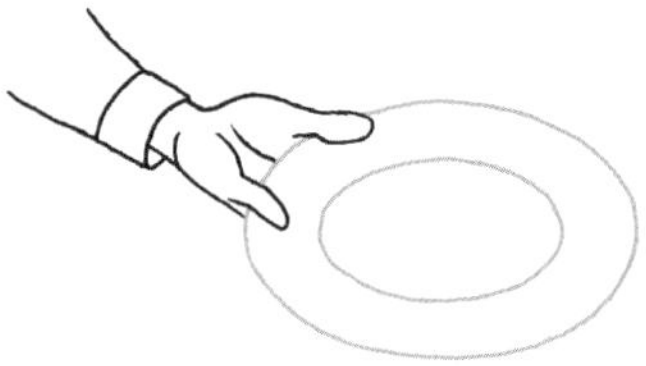

2 ３点を意識して２枚目をのせる

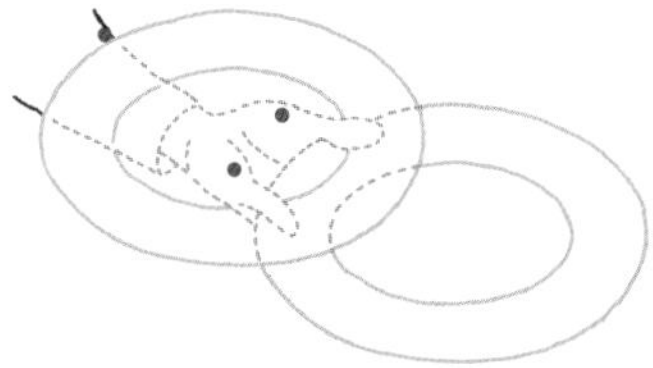

3 左手の２枚の並行を確認して３枚目を持つ

動画でくわしく

4枚持ち

最近は、ミスが起こりやすいからと、4枚持ちを禁止するホテル・レストランもあります。しかし、サービスするうえでは、この4枚持ちができるのとできないのでは、かなり違いがあるので、テクニックとして身につけておいてもよいでしょう。

1 左手の親指を身体の内側に向けて添え、人差し指と中指で裏側を支える

親指には力を入れずに皿のふちをひっかけるだけ

横から見たところ

2 右手の中指を1枚目の皿から離し、手の平に2枚目の皿を押し込む

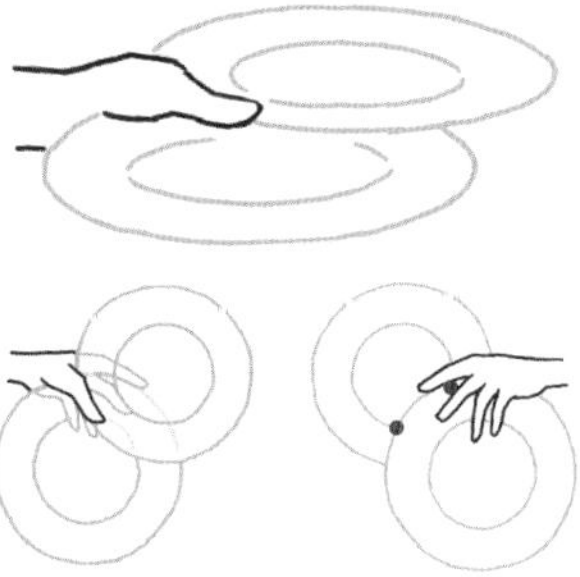

人差し指は皿の縁に添える

皿どうしの接地点は2カ所。1カ所だと安定しない

3 脇をしめて、手首を内側に返し、腕から2枚目の縁にかけて面をつくり、3枚目を乗せる

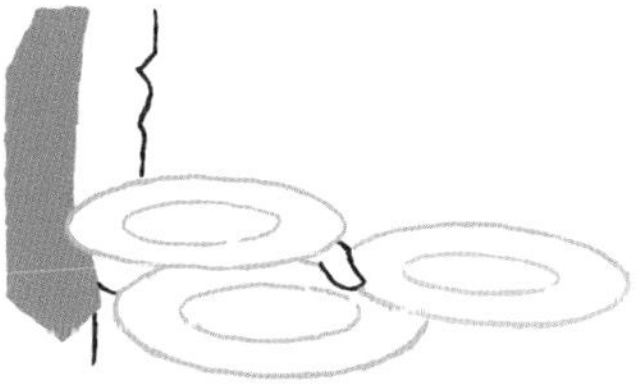

親指に力を入れすぎないことがコツ

4 右手に4枚目を持つ

1 1枚目には
ナイフ・フォーク類

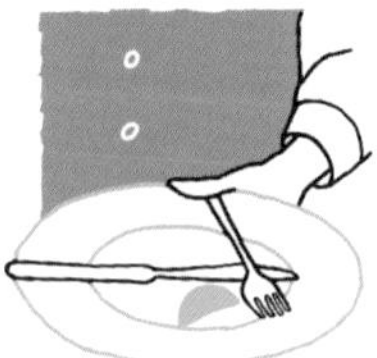

2 2枚目には残飯

3 3枚目には
4枚目以降の皿をのせる

しっかりと脇を締めて腰骨の上にひじをのせる

4 器を下げるときは、右手は
空けておくのが基本

ナイフやフォークの重量が重くなるので、親指でうまく力加減を調節する

10枚下げ

4枚持ちとおなじ要領で、ベースとなる3枚の皿を持ち、それぞれに分類してのせ、10枚の皿を一気に下げます。ホテルでは粗相の発生リスクがあるので、禁止されているところも多い、難度の高いテクニックです。

【ナイフ・フォーク類ののせ方】

フォークの腹が上を向くようにしてのせ、親指でかるくフォークを押さえます。ナイフはフォークの下をくぐらせるようにして背で固定し、刃が手前になるようにしてのせます。
ナイフの刃の向きをそろえ、フォークも重ねるようにそろえます。

【残飯の移動のしかた】

1枚目の皿の残飯は、2枚目を持ってから、2枚目の皿のフォークなどでスライドさせて2枚目に移します。3枚目以降もおなじようにそれぞれのポジションからスライドさせて移します。

和食器の下げ方

平皿とスープボウル以外のほとんどの器は、重ねずトレイやお盆、ばんじゅうなどを使います。特に和食器の場合は、重ねると傷がついたり破損しやすいことなどから重ねないよう指示を出す店も。扱いは慎重にしましょう。

スープボウルの下げ方

3枚持ちとおなじように1枚目、2枚目を持ちます。2枚目のスプーンを1枚目に移し、3枚目以降もおなじように重ねていきます。中身がたくさん残っている皿はそのまま置いておき、後からトレイで下げます。

サーバーの持ち方

スマートな取り分けで、美しいサービスを

サーバーの用途

サラダやチャーハン、パスタなど、複数の人数分を大皿やプラッターに盛って見た目を豪華に見せるときなどには、サーバーを使って取り分けます。

両手で扱うときは、右手にサーバースプーン、左手にサーバーフォークを持ちます。

ジャパニーズ式の使い方

日本式のサーバーの持ち方は、お箸の持ち方が基本になっています。
ただし、動かし方がまったく違うので、トレーニングが必要です。

1 右手の人差し指と親指の間に、スプーンの柄を挟み、薬指の爪と第一関節の間にのせます。

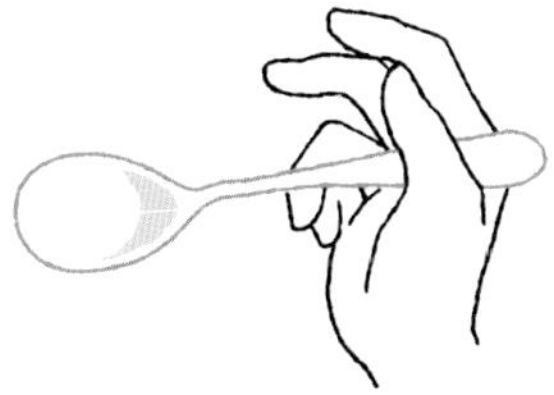

2 中指を軽くスプーンにあてます。

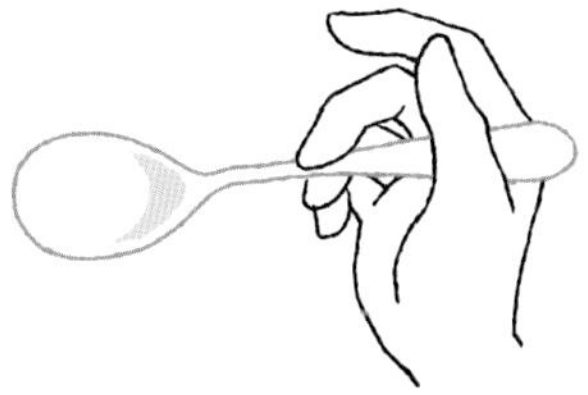

3 中指の爪と第一関節の間にフォークをのせます。

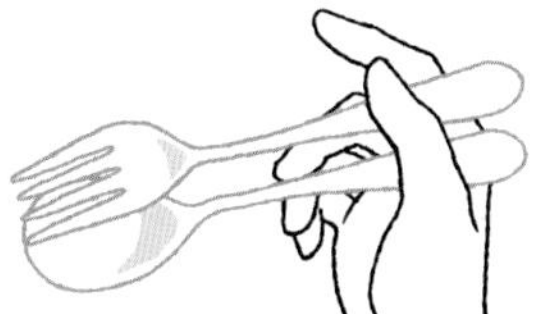

4 人差し指をフォークに軽くあてます。2本の先端を揃えるため、プラッターの上などに接地させます。

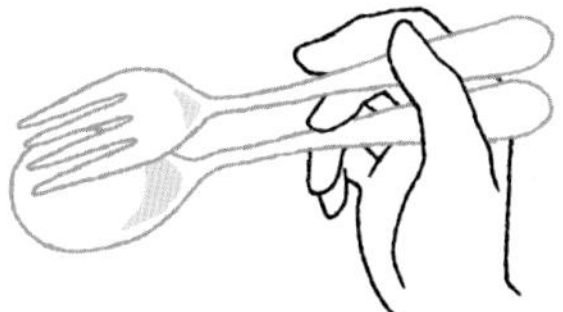

5 箸の場合は人差し指と中指で1本の箸を挟んだまま動かしますが、サーバーの場合は中指をフォークのへりに添わせ、滑らせることでフォークを動かします。

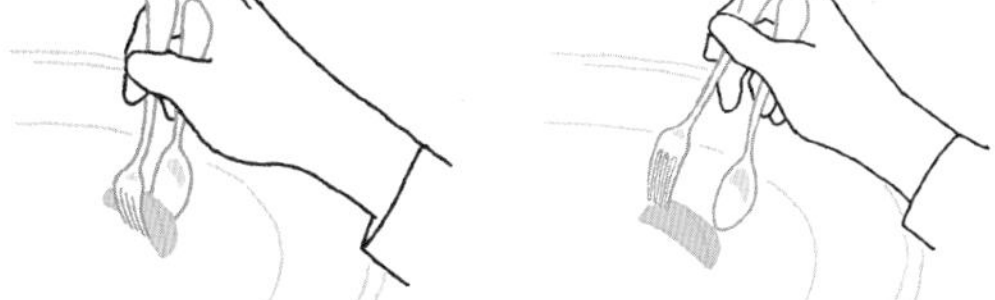

動画でくわしく

ウェスタン式の使い方

持ち方さえマスターすれば、初心者でも扱いやすい方法です。
プラッターサービスするときは、サービスすることに集中しすぎて脇が開き、
お客様に圧迫感を与えがちなので、脇を閉めてサービスしましょう。

1 スプーンを上に向け、人差し指と薬指がスプーンの上に、中指と小指が下にくるようにして持ちます。

2 スプーンの柄の部分を引っ掛けるように、小指を曲げます。薬指は反るようにまっすぐ伸ばします。スプーンは、この小指と薬指、中指の3本の指で持つようにします。

3 フォークは、人差し指と親指で持ちます。

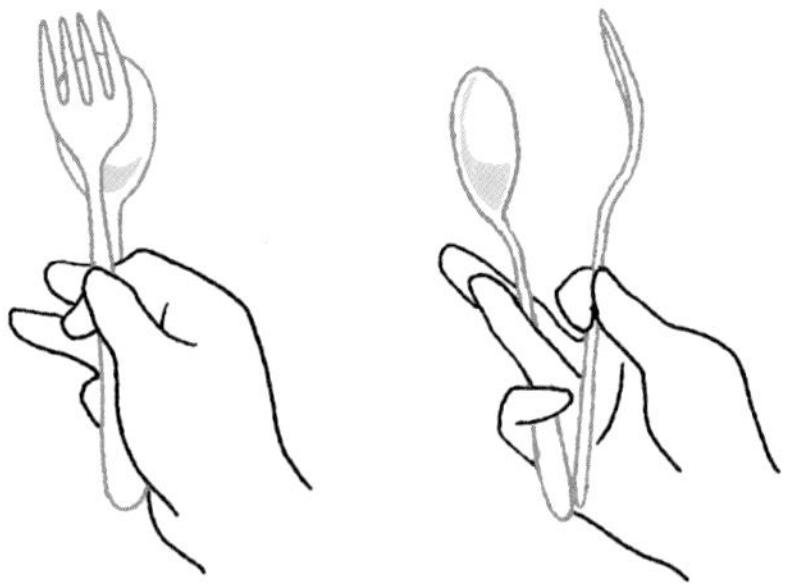

4 人差し指をフォークに軽くあてます。

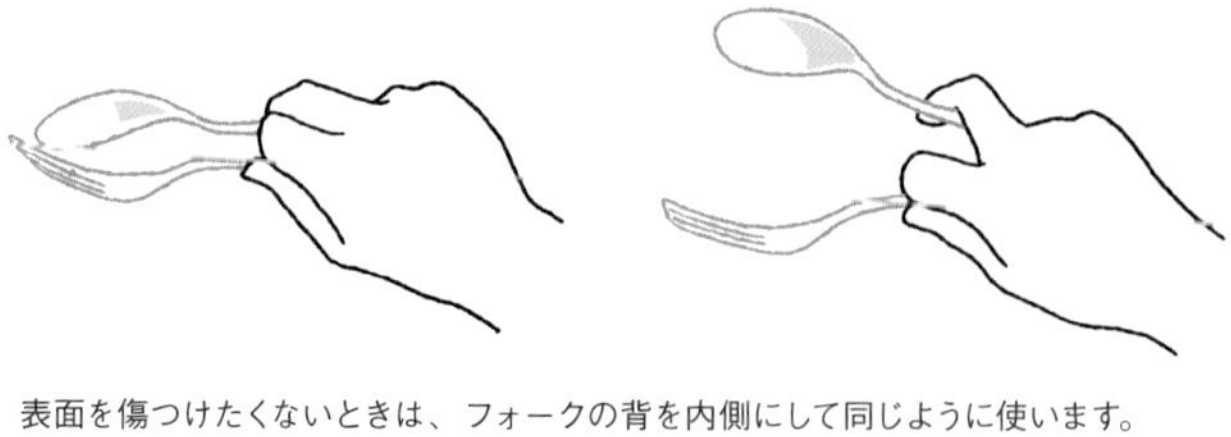

表面を傷つけたくないときは、フォークの背を内側にして同じように使います。

実践例

〈メロンの持ち方〉

メロンや海老のテルミドール、上にフォアグラやパイがのっているステーキなど、傷つけたくないものをサービスするときは、下からすくうようにしたり、サーバーをひっくり返して扱います。

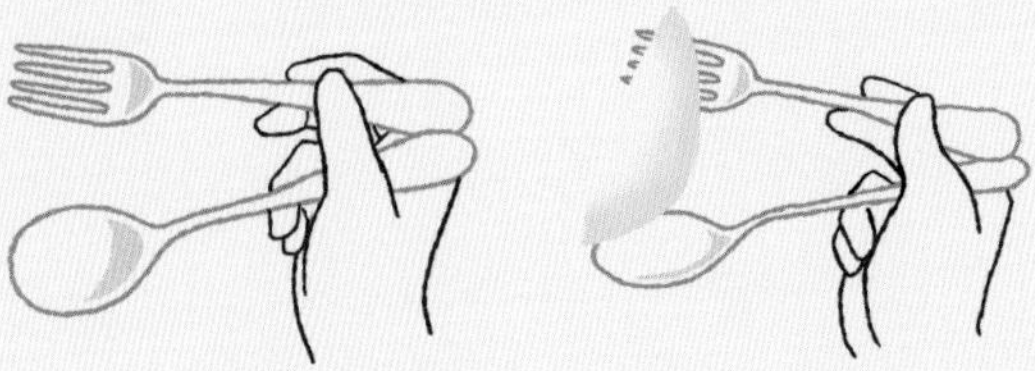

【ジャパニーズ式の場合】

果肉を傷つけないようにするために、通常とはフォークの持ち方を変えて、メロンの下からすくうようにします。メロンの果汁や、メロンを冷やすために添えていた氷の水滴が垂れないように注意します。

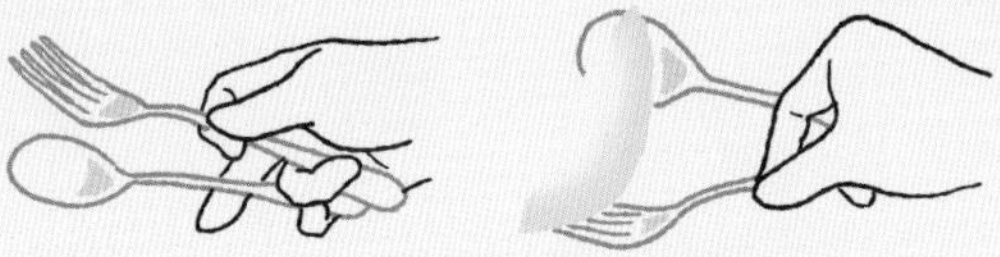

【ウェスタン式の場合】

ウェスタン式では、まずフォークをひっくり返して持ち替えます。そしてスプーンを右に、フォークを左に大きく開きます。あとはジャパニーズ式と同じように、果肉を傷つけないように下からすくうようにします。

〈細かいものや挟みにくいもののときは〉

いも類やにんじん、プチトマトなどの転がりやすい野菜をサービスするときは、横からすくうようにして。マカロニやスパゲティーなどは上から挟みます。

ウェスタン式

ジャパニーズ式

気をつけよう!

プチトマトを落としてしまった!

「失礼しました」と言って、周囲に手の空いているスタッフがいるときはお願いして処理をしてもらいましょう。状況的に後でも可能なら、今行っているサービスを終えてもう一度片づけにくる旨を伝え、落としたプチトマトをトーションで拾って裏へ戻り、新しいものをサービスしましょう。

覚えておきたい漢字の読み方と調理法

鱸《すずき》

鮪《まぐろ》

鮑《あわび》

鰤《ぶり》

栄螺《さざえ》

南瓜《かぼちゃ》

紫蘇《しそ》

芹《せり》

土筆《つくし》

茗荷《みょうが》

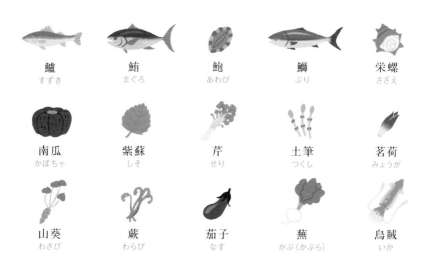

山葵《わさび》

蕨《わらび》

茄子《なす》

蕪《かぶ（かぶら）》

烏賊《いか》

ソテー
少量の油を使い強火でサッと焼き炒める調理法。ポークソテー、白身魚のソテー、野菜のソテーなどがある。

ポワレ
フライパンで小麦粉は使わず、ふたをして蒸し焼きにしたり、スプーンなどで油をかけながら表面をカリッと香ばしく焼く調理法。

ムニエル
小麦粉をつけてフライパンでバター焼きにする調理法。舌平目のムニエル、鮭のムニエル、マスのムニエル。

テリーヌ
陶器の長方形の型、またはこの型にすり潰した肉、魚、野菜などを詰めて蒸し焼きにした料理。

テルミドール
オマール海老や伊勢海老を半分に割り、クリーム系のソースやチーズをかけて焼く調理法。

ロティ
ロースト。肉の塊をオーブンなどで使って炙り焼く調理法。ローストビーフやローストチキンが一般的。

ポシェ
沸騰させず低温で食材をゆっくり茹でる料理法。ポーチドエッグ。

ブイイ
たっぷりのお湯やだし汁などの液体を沸騰させて、食材を茹でる調理法。

グリエ
肉や魚などを、焼き網や鉄板（グリル）にのせて焼く調理法。焼き上がったものには焼き目がつく。

フリット
たっぷりの油で食材を揚げる料理法。フライともいう。

ブレゼ
鍋で具材を蒸しながら煮る調理法。

マリネ
酢やワイン、油などの漬け汁に食材を漬け込む調理法。

2

テーブルサービスの基本

出迎えのしかた

お客様への好印象をつくる最初のチャンス

入り口付近の出迎え

グリーターと呼ばれる案内係がいます。多くは、マネージャーやキャプテンが行います。

まずはご予約のお客様かどうかを確認するようにしましょう。

オープン時の出迎え

入り口付近か担当テーブル付近にスタッフが整列して、出迎えを行います。お客様が入店されたら、「いらっしゃいませ」と会釈しましょう。

いらっしゃいませ
本日のご予約は、頂いておりますでしょうか

ご予約を頂いていたお客様の場合

予約台帳の確認

「○○様、ありがとうございます」と応え、お名前を予約台帳で確認したうえで、「○名様でお間違いございませんか?」と人数の確認も改めてしておきます。予約台帳へ来店されたマークをつけたら、「どうぞ、お席へご案内致します」と席へ案内します。

○○様、
ありがとうございます

営業中の出迎え

他のお客様への接客の最中であったりするので、すべてのお客様に対して、入り口で出迎えられるわけではありません。

お客様とすれ違う際や、自分の担当テーブル近くに来られたときに「いらっしゃいませ」と挨拶をします。

カウンター式の店の出迎え方

カウンター越しに元気よく「いらっしゃいませ」と声をかけ、空いている席を案内します。おじぎは会釈程度の角度で。お客様とのあいだに距離があるため、聞きとりやすく発声するよう心がけます。ホールスタッフがいない店では、上着などを預かる場合もお客様自らが行うよう促します。

ご予約を頂いていないお客様の場合

テーブルの確保

「ありがとうございます。本日は、何名様でお越しですか」と人数を確認し、予約状況を判断してテーブルの確保をします。希望テーブルや禁煙・喫煙の有無などを聞いたうえで再度、予約台帳の確認をして席へ案内しましょう。

席が用意できない場合

席が空く時間の目処が立つ場合は、お詫びの言葉を伝えたうえで、待ち時間を伝え、ご予約を頂きます。席が用意できない場合も、「次回は是非ご予約を頂けましたら、お席をご用意致します」と、次の予約につながるように名刺などをお渡しします。

席への案内のしかた

着席前にも細やかなおもてなしで安心感を

クロークの案内

大きな手荷物やコート、傘などがあれば「お荷物やコートはこちらでお預かり致しましょうか」と言って、クロークで預かります。引き換え札やテーブル番号で管理しましょう。

案内する席の選び方

カップルなら窓際の静かな席、高齢の方や足の不自由な方なら入り口に近い席にするなどの配慮を。

また、あまり混雑していないときには、お客様どうしがあまり近づき過ぎないようバランスを考えて。

荷物を預かる場合は、「お荷物の中に貴重品や壊れやすいものはございませんでしょうか」と必ず確認します。

テーブルまで案内できないときは手で席を示します。遠いところは手を肩より上で、近いところは肩より下で示すと伝わりやすいジェスチャーになります。

席の希望の確認

席へ着いたら、お客様に案内した席でよいかを確認します。特に冷暖房の風が直接当たる場所などは、「こちらのお席でよろしいでしょうか」などとひと言添えましょう。

もしどうしても席が気に入らないということであれば、予約台帳を確認のもと、空いている席に移動して頂きます。

並んでお待ち頂いたお客様には

「大変お待たせいたしました」などのお詫びの言葉を伝えましょう。席の希望を把握しておき、スムーズな対応で誠意を示して。また、席数の都合などで次のお客様を先にお通しするときは、事情を説明して了解を得ましょう。

席への案内

「お待たせ致しました。ではお席へご案内致します」と席へ案内します。案内する際は、お客様の2、3歩斜め前を歩き、時折後ろを振り返りながら、お客様の歩行スピードに合わせて誘導していきます。

段差がある場合などは「お足元にお気をつけください」など一言添えるのも大切なおもてなしです。

他のお客様、サービス中のスタッフの邪魔にならないように注意します。

着席時のチェアーサービス

女性や子供、お年寄り、主賓が着席される際には、同席の他のお客様より優先的に着席をお手伝いします。

一般的には、いすの左側から着席をして頂きます。軽くいすを引き、お客様が座るタイミングでいすを押します。

上座・下座とは

個室やテーブル内の席には、上座・下座があります。上座は主賓や目上の方の席で、いちばんくつろげる席のこと。窓や装飾品の位置、入口の数などの条件によって上座が変わることもあるので、店に確認を。右の図の数字は、一般的な席次を示します。

和室

床の間にもっとも近い奥の席が上座。床の間がない場合は、入口から一番遠い席が上座。

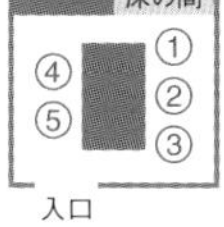

洋室

入口から一番遠い席が上座、いちばん近い席が下座です。

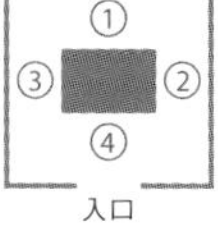

円卓

入口から一番遠い席が上座。入口から向かって上座の右側が2番目、左側が3番目。

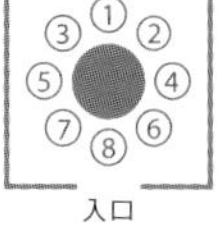

おしぼりの出し方

渡すタイミングが重要

おしぼりを出すタイミング

全員が着席されたのを確認してからおしぼりをサービスします。上着をぬいでいたり荷物を置いていたりして、お客様の手がふさがっているときは、動作が終わるまで待ってからおしぼりをサービスします。

あらかじめ確認しておくこと

「汚れていないか」「乾いてしまっていないか」「ぬれすぎていないか」「熱すぎないか」など、清潔感や濡れ加減、温度を確認します。

CHECK!

おしぼりの役割

おしぼりには、手を清潔にする役割があります。けれども実際には、それ以外の効果も感じる人が多いのではないでしょうか。

暑い夏の日に、キーンと冷えたおしぼりで手を拭うと、生き返ったようなこころもちになります。寒い冬の日に出される温かいおしぼりには、心が和みます。いずれも、相手を思いやる気持ちの表れです。

おしぼりは、日本特有の文化です。

あらためてその本質に触れ、思いをめぐらせることで、サービスの幅に広がりが出ることでしょう。

おしぼりの手渡し方

おしぼりは店の業態によって、広げて手渡しするところもあれば、おしぼり受けにのせて出すところもあります。

布製のテーブルクロスを使用する店では、直接置くとクロスが濡れるので、おしぼり受けを活用し1人分ずつお客様の右側に置きます。スペースがない場合はおしぼり受け1つに対して2人分のおしぼりをのせることも。

少し熱いので
お気をつけ
ください

おしぼりを渡す順番

ゲストとホストを見分けるヒントは、入店されたときの言動や座られた座席や順番など。ゲストのなかでの優先順位は、原則、年長者→女性→男性がよいでしょう。

レディーファーストといいながら、日本においては、年長者を最優先に考えたほうがお客様も違和感なく対応できます。

いらっしゃいませ

おしぼり回収のタイミング

おしぼりを回収するかどうかは店やメニューによって変わります。テーブルにナプキンがある場合は使い終わった頃合いに、フレンチの場合は途中で回収します。回収するときは「失礼します」と声をかけて。デザートに入るタイミングでおしぼりを出しなおすこともあります。

NG!
まだ使うのに・・・

メニューの出し方

メニューは商品を売り込む重要アイテム！

提供できるメニューの確認

　オープン前には必ず、調理できない料理がないか確認をします。また、本日のランチ、本日の魚などその日の特別メニューの内容や積極的に売り込みたい料理や飲み物がないかを確認しておきます。

メニューが変更になったときは

　食材の変更がある場合は、メニューを渡すタイミングで伝えましょう。「申し訳ございません。本日はあいにく○○を切らしておりまして…」とお詫びの言葉を添え、お客様を不快にさせないような配慮を。

取り扱いは大切に

メニューが汚れていたり、破れたり、角がボロボロになっていないか、ひもがたるんでいないかなどチェックしておきましょう。持ち運ぶ際は、ぶら下げず、左胸の前で腕をL字にして、メニューの底辺を持ちます。

お客様からの質問には正確に

メニューについての質問はよくあること。ミーティングでの確認はしっかりしておきましょう。わからないことは曖昧《あいまい》に済ませず、「申し訳ございません。確認してまいります」と素直にお詫びを申し上げて厨房やほかのスタッフに確認を。正確な返事をすることが信頼感につながります。

メニューの手渡し方

「本日は、ありがとうございます。こちらがメニューでございます」「メニューをどうぞ」と声をかけて、お客様の左側から両手で渡します。

ただし、テーブル配置によっては無理な場合もあるので臨機応変に。

少人数であれば、開いて渡すと丁寧ですが、人数が多くなると時間がかかるので、閉じたまま渡すほうがよい場合もあります。

メニューを渡す順序

お客様のなかでのゲストとホストがはっきり区別されているときは、ゲストの主賓、高齢者、女性などの順に、お客様の左側から、逆さにならないように注意して手渡しします。メニューが行き届いたら、ドリンクのオーダーや本日のおすすめ、コース料理の案内を併せて伝えると、お客様がオーダーを決める手助けをすることができます。

価格表示の有無に注意

店によっては、価格表示のあるメニューと価格表示のないメニューが用意されていることがあります。その際、ホストの方には価格表示のあるメニューを、ゲストの方には価格表示のないメニューを渡します。

GUEST用
¥0000
¥0000
¥0000
¥0000
¥0000
¥0000
HOST用

HOST
GUEST
NG!

ワインリスト

料理のメニューと合わせてワインリストを要求されるお客様もいらっしゃいます。ワインに自信のないときは、ソムリエにお願いするなどして、お客様の要望にお応えできるようにしましょう。

ドリンクのオーダーテーキング

私たちが
結婚した年の
ワインね!

種類によって異なるタイミング・サービスのしかた

ドリンクのオーダー

お客様が席に着いたら、食前酒を含めた飲み物のオーダーを受けます。「お食事の前に何かお飲み物はいかがでございますか」と食前酒をすすめましょう。食前酒のオーダーを受けた場合は、いったん席を外します。「ごゆっくりご覧ください。お決まりになりましたら、お声をおかけください」と言って下がり、再度食事のオーダーをうかがいます。

飲み物をオーダーされる場合は、通常、肉料理が出されるまでは、水をサービスしなくても構いません。その代わりにワインなど他の飲み物をすすめ、セールスにつなげましょう。

食前酒のオーダーがないときは

食前酒を注文されないお客様には、水をサービスします。中華料理店など、店によっては水の代わりにお茶をサービスする場合もあります。

飲み物の注文がない場合は、水用のグラスだけを残し、他のワイングラスなどは下げます。

【食前酒】食欲をうながすために食事の前に飲むアルコール類の総称。フランス語ではアペリティフという。

ワインリスト

ワインリストからオーダーを受ける場合は、お客様の好みや料理に合うワインのほか、バースデーやお祝いなど、来店の目的に合わせた物をすすめましょう。フルボトルでは量が多そうな場合は、ハーフボトルや持ち帰りOKなどのインフォメーションを。

ありがとうございます
おかわりは いかがですか?
このワイン 料理に よく合うよ

小さなお客様への対応

ドリンクのオーダーがあった場合は、まず第一にお子様のドリンクを用意すると退屈してしまうのを防ぐ効果も。保護者の方に確認してみましょう。

すぐに飲むようでなければ手の届かないテーブル中央へグラスを置きます。

お酒をすすめるタイミング

グラスが空いたら「おかわりいかがですか?」と声をかけましょう。「前のとおなじ」と言われた場合は、間違えないように「○○ですね」と確認を。いらないと言われた場合は「お水をお持ちしましょうか」と声をかけます。

アルコールのミニ知識

[ウイスキーのおもな銘柄]

- ジャック ダニエル
- I.W. ハーパー
- ブラックニッカ
- オールドパー
- マッカラン
- 山崎
- 響

[ブランデーのおもな銘柄]

- ヘネシー
- レミーマルタン
- カミュ

[カクテルのおもな種類]

- ジントニック
- モスコミュール
- スクリュードライバー
- テキーラサンライズ
- カンパリソーダ
- スプモーニ

[分量]

シングル＝1オンスは約30ml、ダブル＝2オンスは約60ml。グラスに入れたときに底からの高さがそれぞれ指1本分、2本分になるため、ワンフィンガー、ツーフィンガーとも。

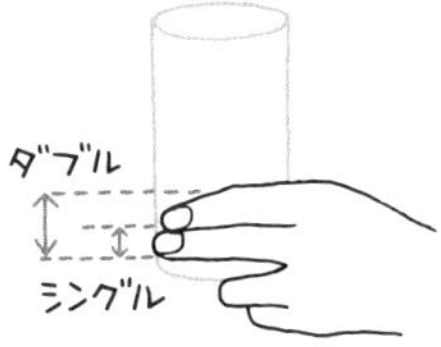
ダブル
シングル

[飲み方]

ウイスキー、ブランデー、焼酎は飲み方の確認も必要です。

ストレート

酒を割らずにそのまま飲む。

オン・ザ・ロック

酒に氷を入れて飲む。

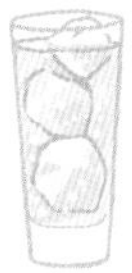

ハイボール

酒の炭酸割り。酒を氷で先に冷やしてから炭酸水を入れ、かるく混ぜると炭酸が抜けない。

水割り

酒を水で割り、氷を入れて飲む。酒の指定がなく、ただ「水割り」と言われた場合は、ウイスキーの水割りを指す。

ウォーターサービス

コツを押さえて好印象なスタートを

水のセッティング

あらかじめセッティングされているゴブレットかタンブラーにウォーターピッチャーから注ぎます。通常は、氷を入れてサービスする必要はありません。ただし、事前に水を入れて迎賓する場合は氷を多めに入れて準備しておきます。

テーブルセッティングされていない店では

バックヤードにあらかじめ準備しておくとスピードを問われる混雑時にも対応できます。並べたグラスに氷を入れておき、来店されたお客様の人数分ずつ水を入れて運びます。

お客様の右側に立って、左の脇をしめると安定してキレイ！

水の注ぎ方

ウォーターピッチャーを持ち運ぶときは、左手にアームタオルを四つ折りにして持ち、その上に乗せ、右手を取手に添えます。注ぐときは「失礼致します」と必ず声をかけ、ウォーターピッチャーの表面の水滴をアームタオルでぬぐったあと、お客様の右側からグラスに8分目まで注ぎます。

グラスを手に持って注ぐのが正式？

本来は、テーブルに置いたまま注ぐのが正式です。ただし、店によっては、こぼすのを防ぐために持って注ぐことも。

水を注ぎたすタイミング

食事が終わって会話を楽しんでいるときに注ぐと、意図せず『水をさす』ようにとられてしまうこともあるので要注意。食事中に、「お水いかがですか?」「冷たいお水にお取替えいたしましょうか?」などと声をかけ、水を切らさないようにします。

グラスの飲み口や、水面に料理の油が目立つ場合は、グラスごと取り替える配慮も必要です。

ウォーターピッチャーの取り扱い

ウォーターピッチャーの中が十分に洗浄され、異物や汚れがないことをチェックし、外側も常に綺麗に磨くようにします。酸化して汚れていると、水自体も汚れているような印象を与えてしまいます。お客様がまだ来ていないときは、低温状態を長く保つために氷を多めに入れておきましょう。

タンブラーとゴブレット

タンブラーは俗に『コップ』と呼ばれる底が平らなグラスのこと。水のほか、水割り、ロングドリンク、ソフトドリンクなどに使われます。ゴブレットは脚つきのグラスで、氷を入れたロングドリンクやソフトドリンク、ビールのほか、フランス料理やイタリア料理ではよく水のグラスとしても使われます。

【ロングドリンク】時間をかけて飲んでも味を損なわないカクテルのこと。反対に、時間をかけずに10～20分で飲むのがよいとされるカクテルをショートドリンクという。

ドリンクのサービス

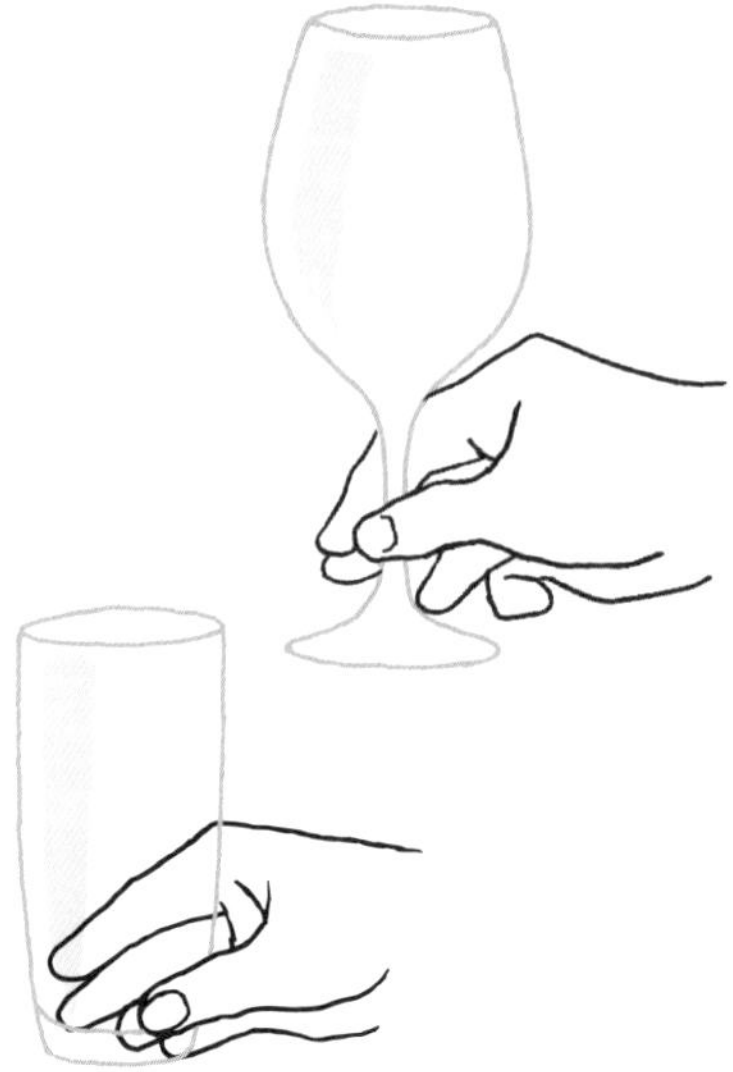

グラスの正しい持ち方

グラスは柄の部分や底から３分の１までのところを持つようにします。脚つきの場合は、脚を親指・人差し指・中指の３本で持ちます。

間違った持ち方

いずれもグラスの飲み口に指が掛かってしまうのでよい持ち方ではありません。

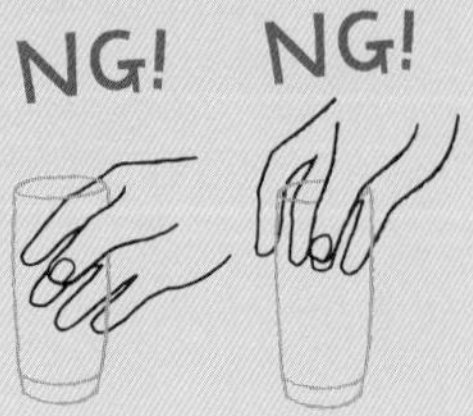

グラスの扱い方

パントリーで準備をする段階から注意を払い、飲み口に指紋がつくような持ち方をしないようにします。空のグラスでも重ねることは絶対に止めましょう。破損の原因になります。

グラスに注ぐ分量は

枡	ビールジョッキ	ワイングラス	8オンスタンブラー
ホテルでは**半分くらい**が一般的	泡の配分に気を遣い**なみなみと**	ボトルのいちばん**太いところ**まで	**8分目**

動画でくわしく

ボトルからの注ぎ方

1 ボトルの下から３分の１のところか、ボトルの底を、ラベルが見えるようにして持ち、お客様の右後方に立ちます。

2 「お待たせ致しました」と声をかけてから右足を一歩踏み込み、右手に持ったボトルをお客様のグラスに近づけます。

4 グラスにボトルが当たらないように、少しグラスから離して飲み物を注ぎます。

5 適量注いだら、ボトルの口を上に向け、手首をひねってボトルを回し、しずくが落ちないようにします。

6 最後にしずくが落ちないように、トーションを当てて下がります。

OK!
NG!

栓抜きの使い方

ビール瓶などに使われる「王冠」と呼ばれる蓋を外すときには、栓抜きを使います。ボトルをしっかり押さえて、王冠が飛ばないように指をかけ、上に持ち上げて抜きます。

ビールを注ぐときの注意点

一気に８分目まで注がず、最初は６分目程度で止めるようにします。グラスに注いだときの理想的なビールと泡の比は7:3です。泡はビールの酸化を防ぎ、炭酸ガスを保ちます。また、苦味成分を吸着して口当りをやわらかくもします。グラスに残ったビールに新しく注ぎたすと、泡がなくなり酸化し始めたビールに空気を混ぜながらビールを注ぐことになるので、グラス内の酸化を速めてしまいます。

①泡を作る
底に当てるように注ぐ
垂直
②泡を持ち上げる
縁に当てるように注ぐ
少し傾むける
③泡でフタをする
この泡がビールの美味さを作りだす!
垂直

料理のオーダーテーキングの基本

お客様の様子を意識して決定の合図をキャッチ

お客様の動きに注意する

待機中は、お客様にオーダーを催促するような印象を与えないように、テーブルに近づき過ぎず一定の距離を保ちます。

お客様から「すみません」と声をかけられた場合は、会釈をする、アイコンタクトをするなど、気づいていることを示すことが大切です。そして、すぐにオーダー表を持って注文をうかがいます。

すぐにうかがえないときは

手がふさがっていてすぐにうかがえないときは、その場で「少々お待ちください」と声をかけます。他のスタッフが手が空いているときは声をかけあってお客様をお待たせしないようにします。

オーダーの取り方

少し前かがみになり「ご注文はお決まりでございますか」と声をかけます。

接待など、ゲストとホストの区別がはっきりしている場合は、ホストの方にオーダーを頂きます。ホストの方が、「皆さんに聞いてください」とおっしゃった場合は、主賓からメニューを渡した順にオーダーを頂きます。

決まっていない場合は、「失礼致しました。お決まりになりましたらお申しつけください」と言って下がります。

オーダーをとる間は声が聞きとりやすいよう前かがみをキープして

オーダー表や伝票の書き方

テーブル番号、人数、担当（自分の名前）、日付、時間などを明記します。テーブル番号は事前にスタッフ共通の番号を確認しておきます。そのほか、テーブル内の席番号も決めておくと、ドリンク、ライス・パン、肉の焼き加減などを確認するときに便利です。

オーダー確認のタイミングは？

オーダーの復唱は少人数であればまとめて、大人数の場合は一人ずつなど、ケースバイケース。テーブルの大きさなどにもよるので、お客様に負担にならないよう臨機応変に対応して。

日付・時間
2名様
担当
4/6
19:30
OX
2名様
5番
5番テーブル
ライス・パン
肉の焼き加減

伝票はホスト寄りに置く

オーダーミスを防ぐために

- 他のスタッフが見てもわかるように書く
- 料理や飲み物は記入しやすいように略して記入してもOK
- 料理、ドリンクは上下段に分けて書くと厨房でもチェックしやすい
- 注文の個数は正の字で書くと修正がラク
- 席番号の順序に合わせてオーダーを記入しよう
- オーダーは必ず復唱しよう。オーダーに自信がないときや聞き取れなかったときは、必ず再確認をする
- どのお客様のオーダーかわかるようにメモ書きをしておく（性別や特徴など）

NG!
この変な記号は何!?
私のオリジナル記号です。
!?
字も汚くて読めない…

選択肢のあるメニューを確認

選択肢がたくさんある場合は、ステーキの焼き加減やドレッシング、コーヒー・紅茶などはサービスのタイミングを見計らって伺ってもかまいません。ただし、オーダーを受ける際に聞くか、後で聞くかは、ミーティングで決めておくようにしましょう。

フルコースで確認すること

フルコースの料理をサービスするときに確認することは「**おすさにでこ**」と覚えておくと便利です。

- (お) **オードブル**
- (す) **スープ**
- (さ) **魚**
- (に) **肉　R《レア》　M《ミディアム》　W《ウェルダン》**
- (で) **デザート**
- (こ) **コーヒー**

時間のかかる料理を知らせておく

調理に時間がかかるメニューもあります。他の注文の内容と比べて著しく時間がかかり、サービスが遅れそうな料理は、あらかじめお客様にその旨を伝えて承諾を頂いておきましょう。

すぐに出せる料理
さっと焼くだけ
和えるだけ
時間がかかる料理
加熱時間が長い
たくさんの注文…

選択肢のあるメニューの例

メインディッシュ
肉 or 魚
ライス or パン
スープ
ポタージュ or コンソメ
コーヒー or 紅茶
紅茶のレモン or ミルク
etc.

少しお時間が
かかりますが
よろしいでしょうか？

「時間がない」と言われたら

まずどのくらい食事時間をとることができるかを確認します。そのうえで、その時間に見合った料理をすすめるようにしましょう。ふだんから時間のかからない料理を知っておくことが大切です。

苦手な食材の確認

お客様の苦手な料理や食材を聞くこともサービスのポイントです。また、激辛や珍味など特徴のある味の料理はひと言お断わりをしておきましょう。また、特定の食材はアレルギーを持つ人もいるので要注意。

宗教食への対応

厳格なイスラム教の食べ物をハラルフードと呼び、豚肉やアルコール類を口にしません。ヒンズー教徒は牛肉を食べません。

原料や成分が入るだけで拒否する人もいますので、事前に申告があった場合には対応できるか確認しましょう（→102ページ）。

覚えておきたい英会話

1. テーブルにご案内いたします。
I'll show you to your table.

2. こちらへどうぞ。
This way, please.

3. メニューでございます
Here is our menu, sir(ma'am).

4. ご注文お伺いしてよろしいですか？
May I take your order now?

5. 申し訳ございませんが品切れです
Very sorry, they are all gone.

6. お飲み物はいかがなさいますか？
What would you like to drink?

7. 焼き加減はいかがしましょうか？
How would you like your steak?

8. かしこまりました
Yes, sir(ma'am). Very well, sir(ma'am).

9. もう少しゆっくりお話ください
Could you speak a little slowly?

10. どうぞお食事をお楽しみください
Please enjoy your lunch(dinner).

11. お下げしてもよろしいですか？
May I take your plate?

12. お待たせしました
Thank you for waiting.

※本書から、「英語」「中韓国語」の音声動画にアクセスすることができます。詳しくは、P14の「音声の聴き方」をご参照下さい。

オーダーテーキングの注意点

コミュニケーションは売上げへの影響大!

お客様がメニューの選択を迷っている場合

お客様の斜め前方に立ち、手のひらでメニューを指し示しながら、料理の内容を説明をします。業界用語は避け、聞きなれない食材なども分かりやすい表現で説明しましょう。

材料や調理方法、味だけでなく、量の多さ、カロリーや塩分、糖分、脂肪分など、栄養バランスも知識として知っておくと持病のあるお客様にも対応でき、より丁寧な説明ができます。

白身魚はいかがでしょうか?
カロリーは…

持病のあるお客様への対応

糖尿病の方は摂取カロリー、腎臓病の方は塩辛いものを控えるなど食事には制限があるもの。病気を告げられたら、まずどのように対応したらよいかをお客様に聞き、調理法・調味料を変えるなどの対応をするようにしましょう。

アラカルトとコース料理

アラカルトでコース料理と同じ内容を注文されると、セットのコースメニューよりボリュームがかなり多くなります。場合によっては、コース料理をすすめるのもよいでしょう。

アラカルトの注文の場合は特にボリュームを意識して注文を受けるようにしましょう。

こんなに量が多いのなら教えてほしかったわ…

料理の量を把握しておく

お客様から、「もう一品とったほうがいいかしら?」と聞かれることも多いもの。お客様の人数や性別、年齢層などから、オーダーが適量かどうかを判断できるようにしておくことも大切です。やや多いと感じるようであれば、「こちらは3名分ですが、よろしいですか?」など、量を意識するためのひと言を。

ときにはセールスも

オーダーを受けるときのお客様との会話をうまく発展させていきましょう。オーダーに合わせて、おすすめのワインや飲み物を売り込みます。

日常会話や店の話題からお客様とさりげなくコミュニケーションを取り、サービスが和やかな雰囲気でスムーズに進むように、さらには次回の来店につながるように努めます。

本日は○○様におすすめのお料理がございます。

NG!
お子様の受験はいかがでしたか？

お客様とのコミュニケーション術

オーダーを受けるとき以外にも、お客様とのコミュニケーションは大切です。常連のお客様なら、「○○様」と名前で呼ぶとよい印象を与えられるもの。ただし、お客様のプライベートを詮索するのはNG。会話の内容は、天気や自分の店、料理のことなど当たり障りのないものを選びましょう。

お客様へのフォローはしっかり

混雑時など、すぐに応対できないときやオーダーテイクの順番が前後してしまったときには、「申し訳ございません。少々お待ちください」「すぐにおうかがい致します」などと、丁寧に伝えるようにしましょう。

すぐに対応できなくても、真摯な態度が安心感を与えます。

ハイ、ご注文は…
Aランチとコーヒーですね
もうち待め!

かけもちオーダーはほどほどに

複数のオーダーをストックしたまま、さらに次々とオーダーをとるのはNG。最初にオーダーを聞いているお客様を必要以上にお待たせすることになるので、あまり負担にならない程度にします。

オーダーを受けたら

新規オーダー
Aコース 3名様
お願いします。

ディシャップは、全テーブルの食事のペースを把握し、キッチンスタッフと連携をとりながら、料理の提供について調節をする、とても重要な係

基本の流れをしっかり押さえて

ディシャップにオーダーを伝える

「新規オーダー、○○を○つお願いします」などと声をかけて、ディシャップに伝票を渡します。

ホールスタッフは、オーダーを受けたらすみやかにキッチンに伝えることが重要です。

オーダーの通し方は、店によって異なりますが、基本的な流れを把握して応用するようにして。

オーダー入ります
1 前菜のテリーヌと…
2 メインの肉料理…

ディシャップがいない店では

厨房にははっきりと大きな声でオーダーを通しましょう。アラカルトの場合は、前菜などの先に出すものから伝えます。味付けや苦手な食材などのお客様からの要望は、伝票に書き添えたうえで、声に出して伝えることも忘れずに。また、各伝票の注文が入った順番や、調理の未・済みなどもわかりやすく掲示しておくことが必要です。

キャッシャー（会計）に伝票を渡す

伝票が複写式になっている場合は、その1部をディシャプ、もう1部をキャッシャーに渡します。

単票式の場合は、料理をすべて出し終えたあと、お客様の席へテーブル札か注文伝票をお持ちし、会計の案内をします。

追加注文の処理も忘れないようにしましょう。

5番テーブルのお客様です

お魚料理のご注文だから…

トレイかお皿にきれいなナプキンを敷き、その上に必要なシルバー類を用意します

必要な食器類をセッティング

基本セッティングがされている場合は、不要な食器類を下げ、必要な食器類を補充します。

基本セッティングがされていない場合は、オーダーに合わせた食器類をセッティングします。ナイフやスプーンは右側から、フォークは左側からセッティングを行います。一度に複数のナイフやフォークを手に持たず、手間でも一本ずつセッティングしていきましょう。

ワイン・シャンパンのサービス

手順をマスターしてスムーズに

ワインのことを心得る

ワインは、白・赤などの種類別ではなく、それぞれの特性に適した温度管理と取り扱いをすることが大切です。

温度管理のため、テーブルまで氷水の入ったワインクーラーや、パニエというワイン専用のバスケットに入れて運ぶこともあります。

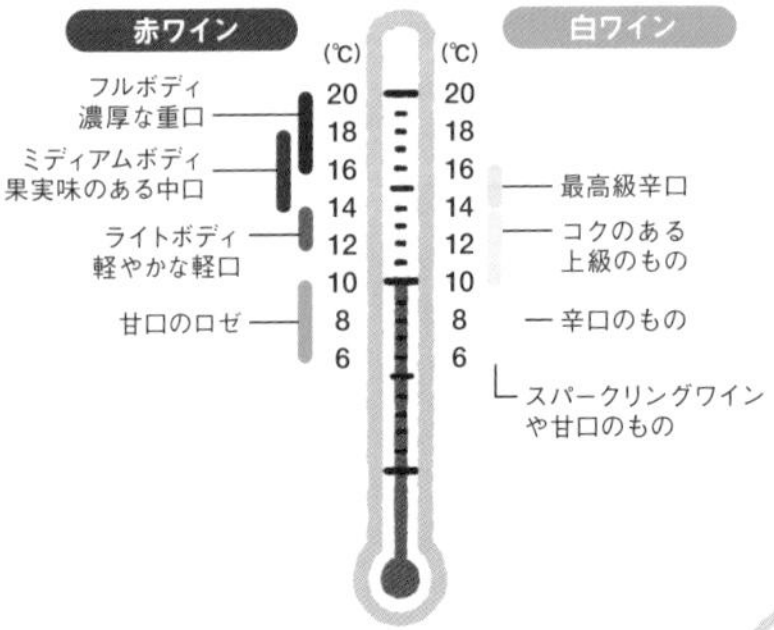
赤ワイン
白ワイン
(℃)
20
18
16
14
12
10
8
6
フルボディ 濃厚な重口
ミディアムボディ 果実味のある中口
ライトボディ 軽やかな軽口
甘口のロゼ
最高級辛口
コクのある上級のもの
辛口のもの
スパークリングワインや甘口のもの

【白ワイン】
主に白ぶどうの皮や種を除いてから発酵させる。味わいは「辛口」「甘口」と表現される。

【赤ワイン】
黒ぶどうの皮と種を一緒に熟成させるため、白ワインに比べて奥行きのある味わいのものが多い。「フルボディ」「ミディアムボディ」「ライトボディ」と表現される。

エチケット・コルクの持ち帰り

ワインのラベルをフランス語でエチケットといいます。お持ち帰りのご要望があった場合は、中身が空になったのを確認して声をかけ、ボトルを引き上げます。コース料理ならデザートにはいった頃、アラカルトならメインが終わった頃を目安にして。ラベルはがしシートではがし、台紙に貼り付けてお渡ししましょう。コルクは表面を乾いたトーションで拭いて。専用のキーホルダーをつけて渡すのも○。

"記念日"や"特別なワイン"のお客様に…

1992
CHATEAU
L'ARROSÉE

動画でくわしく

ワインのサービス手順

まずお客様にラベルを見せて、オーダーをいただいたワインかどうかを確認する、ワインプレゼンテーションから始めます。

その後、テイスティングをしますが、これはワインの色や香り、味、温度などを確認してもらうために行うもので、希望通りの味でないからと、交換できるわけではありません。

1 ワインクーラーから取り出したボトルは、トーションで水滴をふき取る

2 ワインボトルにトーションを当て、ラベルをお客様に見せて確認する

3 白ワインのボトルはワインクーラーに戻す。パニエに入っている赤ワインはそのままボトルが動かないように手で固定をして、ナイフでホイルを切り離す

4 トーションでボトルの口とコルク表面を綺麗に拭く

5 ワインオープナーをコルクの中心に慎重に差込む

6 ワインオープナーのフックをボトルの口にあてて、コルクが折れないようにゆっくり引き上げ、音が鳴らないようにコルクを抜く。コルクからワインオープナーを抜き、コルク皿に置く

※ビンテージもののコルクは長いので、折ってしまわないよう注意する

7 コルクを抜いたら、もう一度、ボトルの口をトーションで拭き、ボトルの中に異物が浮いていないか確認する

8 最初の一杯は、ホストのグラスに少量注ぎ、テイスティング（テスティング）をしてもらう

9 ホストがワインを確認したら、ゲストの女性から順にグラスに合わせて適量を注いでいく。滴をクロスに落とさないよう、注ぎ口にトーションを当てて注ぐ

シャンパンのサービス手順

ボトルを氷水で十分に満たしたワインクーラーに入れ、お客様の席へ運びます。シャンパンの適温は5～7℃といわれていますが、注いだときにグラスの外側にくもりが生じるくらいが目安です。ビンを開栓する時は、静かにビンを1回転させて、中身の温度を均一にします。

親指でしっかり
押さえて
針金をはずす

1 シャンパンを取り出して、ナプキンで滴をふき取る

2 シャンパンボトルにトーションを当てて、オーダーを頂いたシャンパンかどうか、ラベルをお客様に見せて確認する

3 ボトルをワインクーラーに戻し、ナイフと手でホイルをはがして針金を取り除く。その際、コルク栓が自然に抜けてしまわないように必ず親指でコルク栓を押さえる

親指はしっかり
押さえたまま

ボトルをすこし傾け、開栓時に空気と接する水面を広くすることで、吹き出してしまうのを回避する。

4 コルク栓は、抜栓するまで、ずっとどちらかの親指で押さえておく

5 ボトルの首を固定して、押さえながらボトルをまわし、音を立てないようにゆっくり抜く。抜いた後は、ボトルの口をきれいに拭く。その後はワインのテスティングと同じ

NG!
POM!

コルク栓から指を離すとコルクが飛び出してしまう恐れがあるので注意。万が一飛んでしまった場合にも、お客様や、照明に当たらないよう配慮すること。

デキャンタージュとは

長期間保存された赤ワインをデキャンタという容器に移すことをいいます。その目的は、ワインが腐敗していないかを確かめること、長期保存により沈殿した「オリ」が混ざらないように上澄みだけを移し取ること、ワインを空気に触れさせて香りをゆたかにする（開かせる）ことにあります。

4 デキャンタの口を少し傾けて持ち、ろうそくの火でワインを透かして、オリが入っていないか注意しながら、ワインを静かに注ぎ入れる

5 オリが目についたところで、注ぐのをやめる。ワインの香りを逃さないためには、首が長く、栓のできるデキャンタがよい

デキャンタージュの手順

立てた状態で
1週間ほど保管後、
斜め横にして
2~3日寝かせる
ここにオリを
ためておく

1 オリをボトルの底の溝にためるために、ワインのボトルを立てた状態で、1週間ほど保管した後、斜め横にして2、3日寝かせる

2 底にナプキンを敷いたパニエにボトルを入れて、静かに運ぶ

3 ホイルをはがし、コルクを抜く。年代物のワインのコルクは、もろくなっていることがあるので、最後は手でゆっくりと注意しながら回し取る。コルクが抜けたら、ワインを少しグラスに注いでテスティングする

LES VIEUX COLOMBIERS
1995

2

料理の出し方

最初の料理は特にスピーディーに

テーブル全体の料理に気を配る

最初の料理は、ファーストドリンクのグラスが空になる前にサービスします。そうすることで、お客様はドリンクとともに料理を楽しむことができ、店もお客様をお待たせせずにすみます。

また、おなじテーブルのお客様には、すべての料理を同じペースでサービスすることが基本です。

キッチンが忙しく、タイミングよくサービスできない状態のときには、なにがいくつできていないのか確認し、「○○でございましたね、まもなくできあがりますので、少々お待ちください」と、お客様に一声かけます。

盛り付けの最終確認をする

料理はキッチンから運び出す前に、付け野菜などの飾り付けに漏れがないか、器に汚れがないかなどを確認します。料理の写真を撮ることを楽しみにしているお客様も多くいらっしゃいます。見た目の美しさにも気を配りましょう。

料理の温度に注意を促す

温かい料理は熱い器で、冷たい料理は冷たい器でサービスします。グラタンや濃厚なスープのように、口に入れたときに火傷しやすい料理や、器そのものが熱くて触れると火傷するような料理をサービスするときは必ず「こちらのお料理は大変お熱くなっておりますので、ご注意ください」と注意を促す言葉を忘れずに添えるようにします。

料理を出すときの注意点

お客様の顔に皿を近づけない

トレイから右手に皿を移したうえでお客様の横に立つことが大切です。サービスするお客様のすぐ横に立った状態でトレイから右手に皿を持ちかえようとすると、フリスビーを投げるような格好になり、お客様のこめかみ辺りのすぐ横を通ることに。お客様がよけなければならず、不快感を与えてしまうので避けましょう。

発声のタイミング

お客様の後方に立ち、トレイから右手にお皿を持ち替えるタイミングで「お待たせ致しました」と声をかけます。お客様にこれからサービスが始まることを意識して頂き、注意を促すことが大切です。料理の内容は、テーブルに料理を置くタイミングで「○○でございます」と伝えます。

会話のじゃまをしない

お客様の会話の間に割り込まないように注意します。隣のお客様との会話に夢中な場合は、その反対側からサービスすることも必要です。

料理をシェアするときには

お客様がアラカルトの料理をシェアする場合は、全員の手が届きやすい位置に皿を置くようにします。人数分の取り皿を忘れずに用意して。

2

テーブルサービスの基本

食事中のサービス

会話を妨げないようスマートに

お皿が空いたら

食べ終えた皿や手をつけていない皿は、下げてよいか確認してから下げます。ただし、食べ終えてすぐに下げるのは避け、少し間を置くようにして。

お客様のペースで食事をしていただけるよう、気遣いが大切です。

取り分け用の小皿

取り皿は温かい料理、冷たい料理では別々にします。すべての料理に対して1回ずつ取り替える必要はありません。

ソースがついているなど、皿の汚れ具合から判断して決めましょう。

ドリンクの注ぎたし

グラス類が空いていないか、絶えず目配りし、なくなっている場合は追加注文をうかがうようにします。

また、ドリンクのオーダーがない場合も、グラスの水がなくなっていないかに注意し、長時間水が入ったままになっている場合、新しいものに取り替えます。

おとりかえ いたします
そろそろ かな…

こちらは 鴨のテリーヌで ございます。

動画でくわしく

すぐに お持ち いたします
あっ…

お客様がシルバーを落としたら

ナイフやフォーク、お箸などを落とされたら、新しいものをすぐにお持ちして、落ちたものを片付けます。トレイを持っていない場合はトーションに乗せましょう。

コーヒーのサービス

アラカルトの場合は、食後のデザートやコーヒー、アフタードリンクなど追加のオーダーがないかを確認します。

料理の皿を下げるタイミングで声をかけるとスマートです。

コーヒーカップの運び方

トレイの上にトーションを敷き、ソーサーとカップを重ねない状態でお客様の席まで運びます。

お客様の脇に立ち、トレイの上でソーサーにカップをセットしてからサービスします。

左側に置くのはNG

コーヒーや紅茶のカップは、お客様が手に取りやすいよう、体の正面か、やや右側にサービスします。お客様のテーブル上でコーヒーポットからカップに注ぐ場合も同様です。

カップの取っ手とスプーンの柄が右側にくるように

2

テーブルサービスの基本

料理の下げ方

タイミングは皿が空いてからひと呼吸置いて

判断とタイミング

お客様が料理を食べ終わったら食器を下げますが、ソースをパンで食べようとしていたり、少しだけ食べ残しがある場合もあるので、基本的には、お皿の上のシルバーの状態で判断をします。

八の字になっているときは、食事中。ナイフとフォークがそろっているときは、食事が済んだ合図と判断してもよいでしょう。

お下げ
いたします。
あっ
まだ…

食事中
食事が済んだ合図

確認してから下げる

「お済みですか」「お下げしてよろしいですか」と確認してから下げましょう。ナイフとフォークがそろっていても、食事中の場合もあります。

同時に複数のお客様の皿を下げるときは、食事を終えている上座から下げるようにします。

食べ残しが多いときは

皿に半分ちかく料理が残っているにもかかわらず、下げてくれと言われた場合は、ひと言声をかけましょう。

苦手な食材などをお聞きした場合は、厨房に伝え、それ以降の料理にできる範囲で対応します。

お口に
あいませんでしたか
○○が
苦手で…

料理を下げるときの注意点

美しく下げる

テーブル脇で残飯をまとめるときは、後方でやや半身になって、お客様の目につかないようにします。音もたてないように気をつけましょう。ダスターなども含め、きれいなもの以外はお客様から隠すのが基本です。

下げすぎない

お客様にお帰りを急がせるような印象を与えないように、食器類は少しずつ下げるようにしましょう。テーブルの上を全部片付けるのではなく、お水の入ったゴブレットやコーヒーカップはそのままにしておきます。

手間よりサービス

「ついでに」とお客様の皿が空くのを待っているような態度はNG。お客様は食事を急かされているような気になってしまいます。自分の都合より、お客様の快適さが優先です。

作業スペースにしない

テーブルはお客様の食事の場です。テーブルにトレイをのせて皿を重ねていくのは避けましょう。皿の量が多くて腕でトレイを安定できない場合は、何度かに分けて運んで。

ボトルやグラスを下げるときは

食事後も着席されているときは、コーヒーやアフタードリンクの追加がないかを確認します。ない場合は、水の補充をしたうえで、お皿類や使わなかったシルバーなどは下げるようにします。

コーヒーのおかわりはいかがですか

複数人のコースのときは

ひとりの方が食べ終わったからとすぐにお皿を下げず、全員の食事が済んだことを確認してからそろって下げるようにします。

ただし、著しく食事の遅いお客様がいる場合は、他のお客様の分を先に下げます。急かさないようにするのが基本ですが、厨房での次の料理の進行具合によっては、さりげなく「どうぞお熱いうちにお召し上がり下さい」と声をかけることもあります。

NG!
どうしよう
早く食べないと!

フルコースのときは

メインの料理を下げるときに、一緒に他の皿や、バタークーラー、塩、コショウなども下げます。下げ終えたら、ダストパン（P111参照）を使ってテーブルの上のパンくずなどをすくってきれいにします。

爪楊枝が最初からセットされていない店では、このタイミングで爪楊枝をお持ちします。

ゴミ
テーブル

テーブルの後片づけ

スマートに片づける

下げるテーブルの周辺テーブルに他のお客様がいらっしゃる場合は、目立たないように代わる代わる片づけをするようにしましょう。一気に複数のスタッフがひとつのテーブルを片づける動作は他のお客様の食事をせきたてることにもつながるのでやめましょう。

次の来店に備える

テーブルの裏面、テーブルの下、いすを拭いてきれいにし、テーブルの上がすべて片づいたら、テーブルクロスを張り替えます（→116ページ）。調味料、ナプキンを補充し、次の来店の準備をします。

忘れ物の確認

片づけをする前に忘れ物がないかを確認します。忘れ物があった場合にその場でお渡しできるよう、席を立たれたらすぐに確認しましょう。

会計のしかた

お金のやりとりは正確さが第一

接待・デートのお客様への心遣い

　接待、デートなどの場合にゲストにお金の心配をさせたくないというお客様もいらっしゃいます。

　予約時に「接待で」などとうかがっている場合は、テーブルでの会計の際、ホストにだけ聞こえるように小さな声で金額を伝える、紙に書いて渡すなどの工夫も必要です。おつりもできるだけさりげなく渡しましょう。

テーブルでの会計

お客様からの合図で、テーブル札もしくは注文伝票を預かります。レジスターで会計伝票を作成し、キャッシュトレイにのせてお客様のところにお持ちします。

ホスト役の方にそっと渡し、2、3 歩後ろへ下がります。お客様が伝票を確認し、現金またはカード、食事券等の提示があるまで待機します。

キャッシャーでの会計

お客様が退席されるときは、「どうもありがとうございます」と声をかけ、忘れ物がないかの確認をしてキャッシャーへ案内します。テーブル札などがある場合は、それをお持ちになるように案内します。

キャッシャーでは、レジスターで注文品を確認しながら会計伝票を作成し、キャッシュトレイにのせて、請求します。連れのお客様がいらっしゃる場合は、会計の間にクロークのお荷物をお渡しします。

個別会計への対応

ランチ営業の時間帯は、「別々で」というお客様も多くいらっしゃいます。ただし、高級店などでは、他のお客様への配慮から個別会計をお断りするケースも。自分の店の方針を確認しておきましょう。

お持ち帰りについての考え方

テイクアウト注文以外の料理のお持ち帰りは、丁重にお断りします。食中毒等は傷みの早い食材でなくても、季節を問わずあらゆる原因から発生する可能性があります。また、O157やノロウィルスなどにも見られるように、些細なことから感染します。

安全性の保障できない料理はお持ち帰り頂けないことを理解してもらうようにしましょう。

現金以外の支払い

クレジットカード

お客様からクレジットカードを受け取り、処理端末で出力した用紙にサインを頂くか、専用端末に暗証番号を入力して頂きます。サインの場合はカードのサインと相違がないかを確認しましょう。処理後、カードとカード伝票の控え、レシートもしくは領収書を渡します。

電子マネー

自分の店が支払いに対応している電子マネーについて、事前に確認しておきましょう。決済後は、利用明細とレシートを渡すのを忘れずに。

○○円のお返しでございます。
ありがとうございました。

現金を預かったら、必ず金額を復唱します。領収書を必要とされる場合は、お名前を確認しましょう。「領収書のお名前はいかがさせて頂きましょうか」

キャッシュトレイにレシートもしくは領収書とお釣りをのせてお返しします。お釣りを出すときは金額を確認し、お札は表を上にして向きをそろえましょう。

お客様の身支度が整ったら、ゲストの女性客からいすを引くお手伝いをしながら、感謝の気持ちを込めて、「ありがとうございます」と声をかけます。

クロークのお荷物がある場合は、会計を済ませて頂いている間に出口付近で用意をしておきます。

見送りのしかた

気持ちのよい退店はリピートにつながる

お客様に声をかける

お客様が退店されるときには、「本日はおいしく召し上がって頂けましたか?」「またお待ちしております」など、お客様に満足をして頂けたかどうか確認をしましょう。おもてなしの気持ちが伝わりやすくなります。

タクシーの手配

お帰りの際にタクシーの手配が必要かどうかを確認します。役割分担のある店ではマネージャーやキャッシャーがするとスマート。事前に確認しておいてもOKです。

苦情を受けたときは

「大変申し訳ございませんでした」と頭を下げ、丁重にお詫びをしましょう。ただし、苦情を受けたからといってあまりに過剰なサービスをするのはNGです。

ほめられたときのスマートな返しの一言

「ありがとうございます。より一層喜んでいただけるよう努めます」など、嬉しい気持ちを素直に伝えて。

次につなげるためのセールスも

　また次の来店につながるように、名刺や、パンフレットをお渡しするなどのセールスも忘れずに。名刺をくださったお客様は、しっかり覚えておきましょう。

　認識されていると思われることがコミュニケーションにもつながります。

ミスをして迷惑をかけてしまったお客様には

　「これに懲りずに、ぜひまたお越しください」と改めてお詫びの気持ちを伝えます。

　お客様のご立腹がおさまらなかったとしても、最後まで誠意を示すことが大切です。

申し訳ございませんでした

荷物・上着を渡す

　クロークで荷物や上着を預かっている場合は、来店時にお渡ししている札をお預かりしたうえでお渡しします。

　トラブル防止のため、間違いがないかしっかり確認するようにしましょう。

　上着をお渡しするときは、さっとお客様の後方にまわって袖を通してあげましょう。

お見送り

　キャッシャーにいる場合は、キャッシャーから表に出て、「ありがとうございました」とお礼を述べて、お見送りをします。

　すぐに立ち去るのは避け、お客様の姿が見えなくなるまでその場でお見送りするようにしましょう。

Column

美しいサービスは安全である

きれいなサービスを追求していくとそこには、絶対に安全なサービスというものが存在している。一流のサービスを観察すると、まるで社交ダンスを踊るように優雅な動きであることがわかる。

足元のステップと身体の向き、手の動きなど、一連の動作がまとまって初めてダンスは成立する。そして足のつま先から手の指先まで神経を配ることで、より美しいダンスになる。細部にまで気を配る動作における安全性と美しさは、比例の関係にあるのである。

ひとつひとつの動きをきちんと捉え、無駄のないサービスをすることで粗相は激減する。また、美しいサービスをすると評判を得ることもできる夢のような法則である。

3

見えないサービスの基本

予約の対応

好印象だと来店の楽しみも増す！

第一印象が大切

お客様との初めての接点となるのが予約の対応です。電話では、元気よく、普段より高音の声をはっきり出すように心がけ、さわやかな印象を残しましょう。

インターネットでの予約は、再度こちらから連絡をする場合の手段の確認を忘れずに。

予約台帳に記入すること

□ お客様の氏名・連絡先

団体のときは幹事の方の連絡先と役職を確認します。氏名は正確な漢字やスペルを確認します。ただし、何度も聞き返すのは失礼にあたります。どうしてもうまく聞きとれない場合はカタカナで記入して。

□ 予約人数・日時

- 人数
- 男女の別、子どもの有無
- 月日、曜日、時間

□ 利用目的

誕生日祝や入学祝、商談などによる特別なリクエストの有無を確認します。ただし、プライベートへの配慮も忘れずに。目的によっては、来店時に声をかけるのもサービスのひとつ。

□ 予算（料理及び飲料の内容）

料理や飲料の内容を決めかねているようであれば、さりげなくご予算をお伺いし、最適なメニュープランをおすすめします。
「もし差し支えなければ、おすすめの料理をお選びいたしますが、いかがでございますか」

□ 食材についての確認

- 食材アレルギーや苦手な食材がないかを確認

□ その他の希望

- お座敷、カウンター、個室等、目的に合わせた席を用意する
- アルコール飲料の量の目安など
- その他特別な注文（バースデーケーキ）など

予約のときの注意点

予約の際の会話の注意点

業界の専門用語を用いないように注意し、必ず受付した自分の名前を名乗ります。電話を切る前には、心からお礼を言います。

「○○様、本日はご予約を賜りまして誠にありがとうございます。それではスタッフ一同ご来店をお待ちしております」

予約ミスを防ぐために

あらかじめ予約台帳をよく確認し、予約もれやオーバーブッキング等のミスが発生しないようにします。変更が発生したときに修正できるよう、台帳への記入は鉛筆で。内容は必ず復唱しましょう。トラブル時の対策として、1席か2席は予約席として空きテーブルを用意して。

予約当日には

予約席へは、分かるように予約スタンドをおき、来店30分前にはお迎えの準備を済ませておきます。予約取り消しや時間変更の連絡がなく、予約時間を10〜15分過ぎても来店されないような場合は、フロア責任者の判断を仰ぎます。

特別な注文依頼を受けた場合

バースデーケーキなど、通常のメニューにないものは、来店の前日に内容や人数、時間の再確認をする旨を伝えます。また、当日の急なキャンセルの場合には、キャンセル料が発生することも伝えておきましょう。

電話応対の基本

お電話
ありがとう
ございます
カフェ○○で
ございます

PU RU RU RU

電話を受けたときは、「お電話ありがとうございます。○○でございます」と店名を応えます。3コール以上鳴ってから出た場合は、「お待たせいたしました」と添えると丁寧な印象になります。

お客様の言葉には相槌《あいづち》を打ち、聞いていることを伝えましょう。その場でしっかりメモをとり、聞きもらしのないようにして。必ず復唱して内容を確認します。

顔の見えない会話の場合こそ、細かな気づかいが大切です。

明日の晩
予約を
したいの
ですが…
7時に
3名で

プツ
お客様が電話を
切ったのを確認してから
受話器を置く。
内容はしっかりメモしておく

NG!

電話応対の様子は、通話中の相手だけでなく、来客中のお客様も耳にするもの。相手が仕事仲間などの場合も、くだけた対応は慎みましょう。

こんなときには

人数・時間が不確定

コースの注文を頂いたけれど、当日人数が増えるかも、来店は7時か8時ごろ、など曖昧《あいまい》な項目が多い場合も、決まりしだい連絡を頂くことにして予約を受けます。ただし、通常扱いのない特別な注文は、確定した予約でなければ受けられないことを伝えましょう。また、4人掛けテーブルの用意で8名が9名に増える場合は、すこし席が狭くなることなども伝えておきます。

キャンセルの電話を受けた

キャンセルのお申し出には、「かしこまりました。また是非ご利用下さい」と快く対応するのが基本です。当日の予約時間直前に人数が大幅に減ったり、特別料理がキャンセルになるなど、店にとって重大な損失がでる場合は、キャンセル料の請求が必要になりますが、次回来店につなげるためにも、できればそこは避けたいもの。責任者に確認をとって対応しましょう。

予約時間になってもお客様が来店しない

10～15分経っても連絡がなければ、確認の電話を入れてみて。一方的にお客様が悪いような言い方にならないように注意して、お客様のうっかりミスなのか、急な事情で遅れているのか、予約ミスなのかなど、状況を確認します。そのうえで、さらに来店が遅れ、次の予約で対応が無理な場合は、お客様に事情を説明して予約内容の変更をします。

基本のスタンバイ

卓上花

一輪挿《ざ》しの花瓶の汚れや、花が枯れていないかをチェックします。においの原因になるので、花瓶の水はこまめにとりかえるようにして。ユリなどの香りの強い花は料理の邪魔をする恐れがあるので避けましょう。

ウォーターピッチャー

営業中は氷を入れて6杯分くらいの水を入れておくのが基本ですが、開店直前は、氷の量を通常より多めに入れ、氷が溶けてしまわないように用意をしておきます。

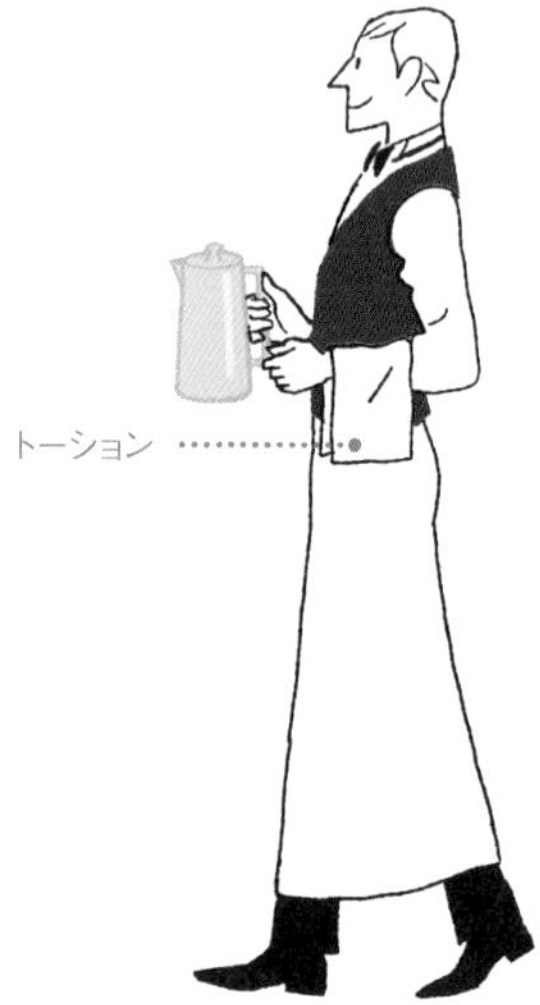

リネン類

・アンダークロス　・テーブルクロス
・トップクロス　・ナプキン
・トーション　・食器用ふきん、ダスター
数量と汚れの点検をします。ナプキンは指定の形に折られているかチェックして。

カスターセット、シュガーポット

カスターセットは塩、コショウなどテーブルにセットしておく調味料入れ、シュガーポットは、コーヒー・紅茶をサービスする際の砂糖入れです。容器の8分目を目安に補充し、固まっていないか、穴がふさがっていないかなどをチェックします。

灰皿、爪楊枝、紙ナプキン、コースター

それぞれ数量を確認しておきます。灰皿は、汚れがないか、きちんと乾いているかもチェックしましょう。

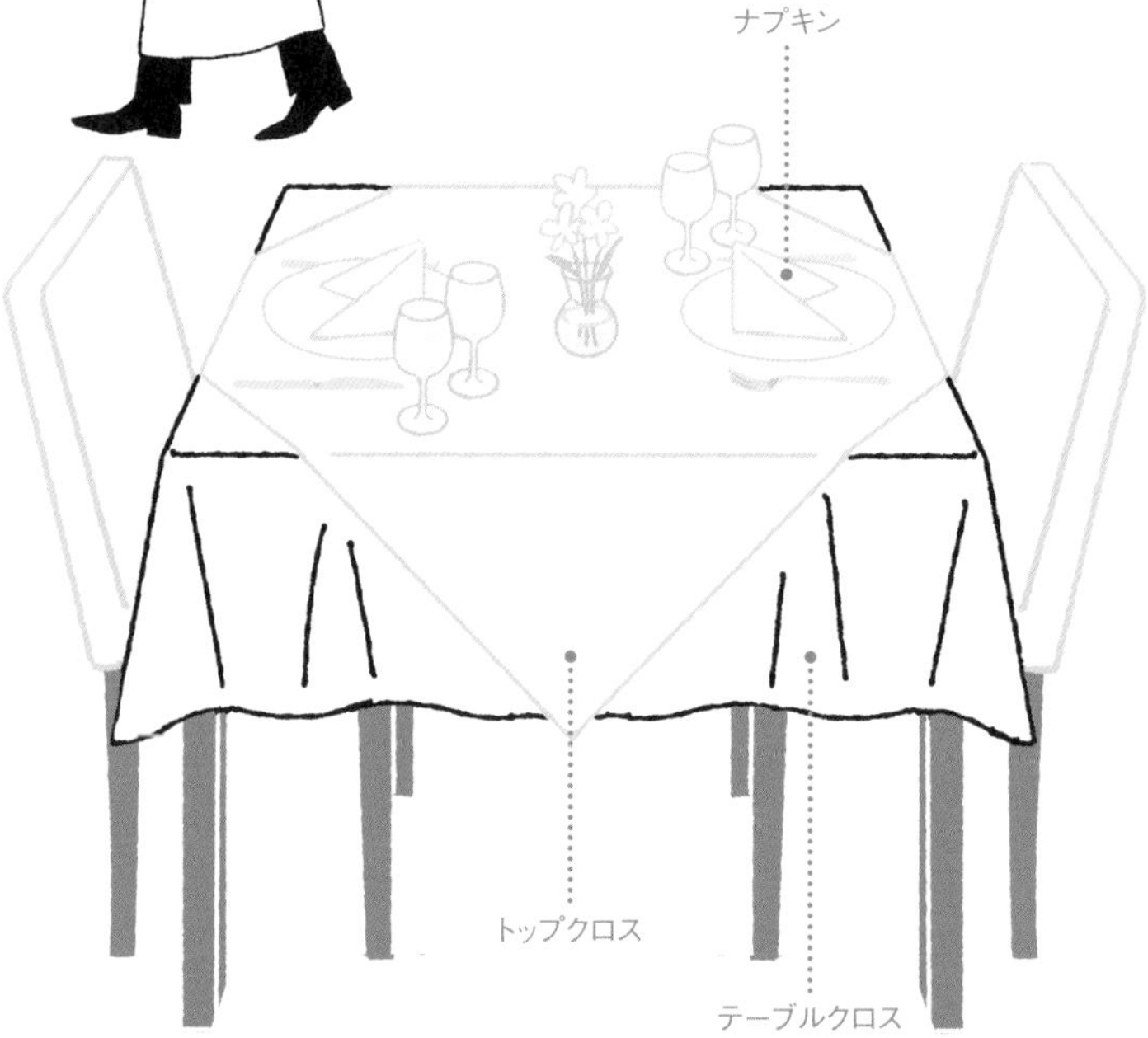

シルバー類

数量を確認し、洗い残しの汚れや水跡、指紋が付いていないか点検を。白手袋をして拭くと指紋がつくのを防げます。メッキのはげたものやフォークの先が曲がったものがないかもチェックして。

チャイナ類(皿類)

来客状況を予想して、必要な皿を用意し、冷たい料理用は冷蔵庫へ、温かい料理用はウォーマーへ入れておきます。傷がつくなどの理由で重ねないほうがよい食器もあるので注意して。

グラス類

ひび割れや破損、口紅・油汚れの洗い残しや指紋がついていないかをチェックします。直接お客様が口をつけられるところなので、小さな破損にも気を配りましょう。

トレイ

洗浄機にかけて殺菌し、表面に汚れが付着していないかを確認しておきます。裏側もお客様の目につくところです。水跡などがないかチェックして。

NG!
カケ
ヨゴレ
NG!
指紋

お皿を冷やしておかなくちゃ
今日は冷製パスタがたくさんでそう!

キャッシャーカウンター

予約台帳やレジスターの紙、金種別の硬貨、紙幣の用意を確認します。前日の伝票類など、不要なものを整理整頓し、個人情報がわかる書類は、お客様から見えないところに整理しましょう。

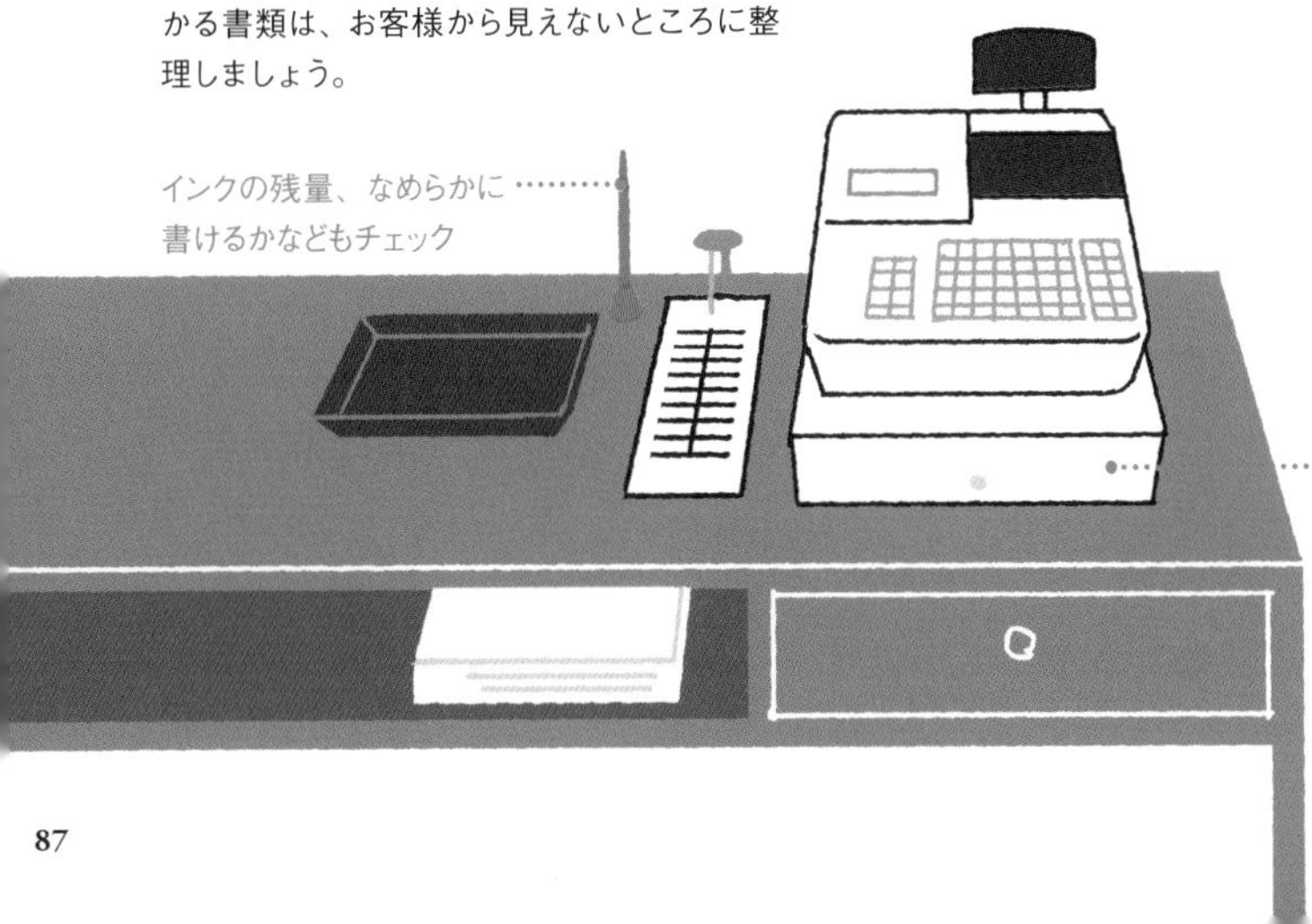
インクの残量、なめらかに書けるかなどもチェック
開店前には、金種別の数量確認をしておきましょう。

食器洗いのポイント

NG!

シンクに浸けて効率よく

残飯を捨てたら、水をはったシンクや桶などに浸《つ》け置《お》きします。汚れが落ちやすく、水・洗剤の節約にもつながる一方、重ねた衝撃で皿、グラスの破損にもつながりやすいので注意しましょう。皿を重ねるときは、種類ごとにまとめて重ねていくと、高く重ねた時に倒れにくく、洗う効率もアップします。また、シンクの中に水を張って洗いものをするときは、割れた皿やグラスで手を切らないように、手袋をすることも必要。

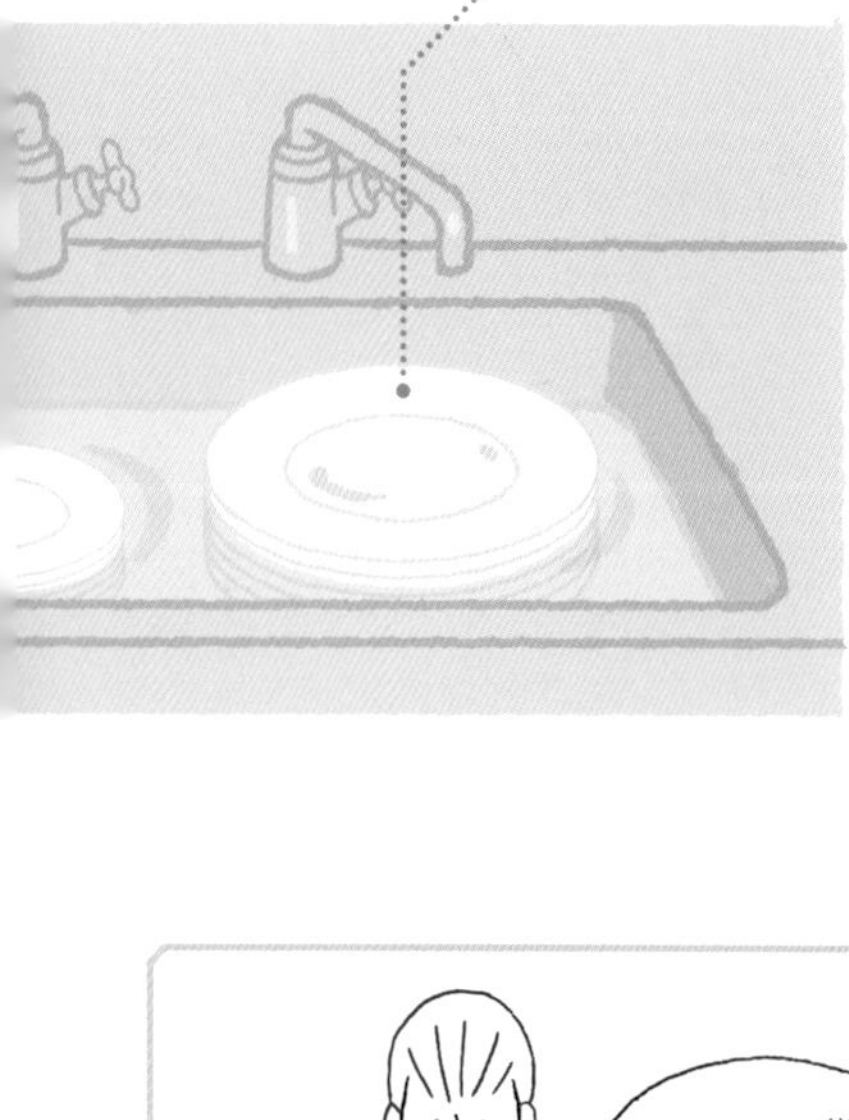

効率よく洗うコツ

スペースの狭い洗い場では、大きなものから先に洗います。すこしずつ洗い場を整理しながら、洗いやすい環境をつくることが早く洗うコツです。

洗い場スタッフも清潔に

スタッフの手指にひび割れや傷がないかを確認し、爪や指の汚れをしっかり落とし、ビニール手袋、エプロンなどの準備をします。

おなじ作業は
まとめて
効率的に!

上手に洗うコツ

スポンジに洗剤をつけたら、しっかりと揉み込んで泡立てましょう。液状のままの洗剤をなすりつけるより、泡で洗うと汚れの落ちが早くなります。食器の縁や糸底など、細かいところまで注意して。ひととおりの食器を洗ったら、まとめて流します。流水で裏までしっかり流しましょう。

油の残りやすい容器は

鍋やプラッター、ソースポットなど、料理をサービスする際に使うものは、ソースなどの油が残りやすいので、汚れが落ちにくそうなところを念入りに洗います。

シルバー類を洗うときは

バケツやザルのようなものにシルバー類だけを集めて浸け置きします。散らばることなく、一度に洗えるため、効率がアップします。

漆器を洗うときは

漆塗りのおわんには、高温で洗うと表面が傷むものがあります。また、表面がザラッとした陶器と一緒に洗うと傷がついたり、破損の原因にもなるので、洗いもののときには別にしておくことが大切です。

取っ手のあるカップを洗うときは

コーヒーカップやスープカップなどを洗うときは、取っ手を持って洗います。ただし、壊れやすい箇所なので、力加減を調整して洗いましょう。また、重ねるときは裏返して重ねますが、たくさん重ねるとひっくり返って破損の原因になるのでほどほどに。

グラス類を洗うときは

重ねるのはタブーです。上からの圧力で下のグラスが割れたり、破損の原因になります。手洗いするときは、力加減を間違えると破損する恐れがあり、その際シンクに落ちた破片で手を切るなどの二次災害にもつながるので一層の注意が必要です。また、トマトジュースなどの果実系や、牛乳などを出したグラスは、汚れが落ちにくく、一番底に汚れが残りやすいので、底まで意識して洗いましょう。

食器の拭き方・しまい方

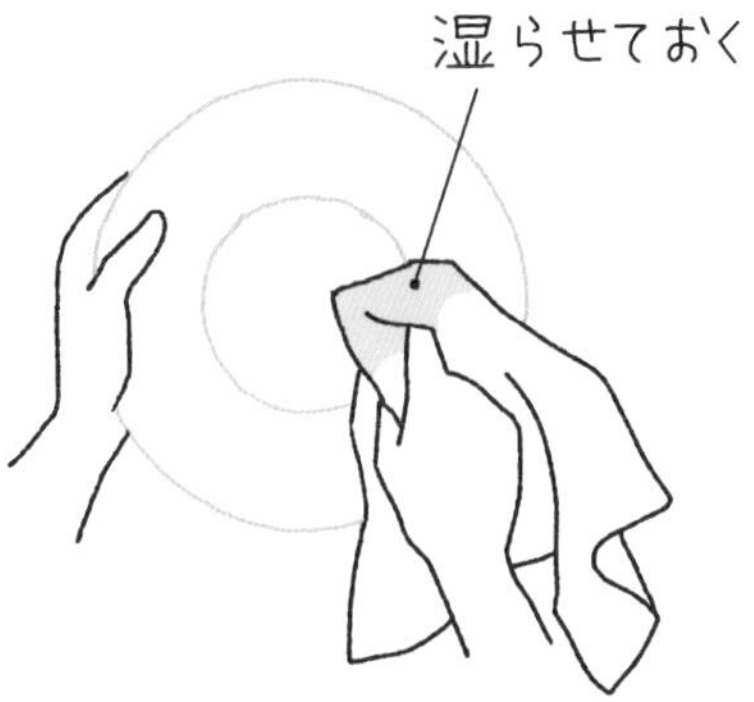
湿らせておく

皿の拭き方

指紋がつかないように皿の縁を持ち、1枚ずつ光沢を出すように拭きます。洗浄剤の水跡が白く残っている場合のために、布巾の一方の端を湿らせておくと、乾いた部分と使い分けができ、きれいに拭けます。皿は重ねて保管するので、表面はもちろん裏の汚れにも注意が必要です。

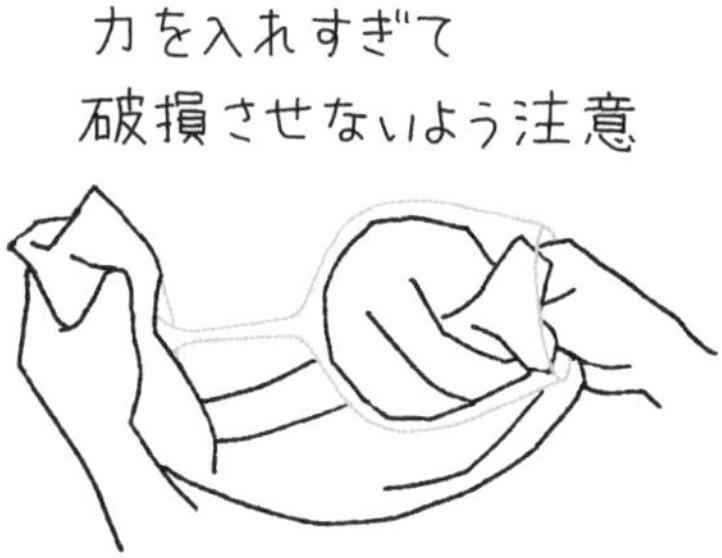
力を入れすぎて
破損させないよう注意

グラスの拭き方

グラスに直接触れないように、底の部分をグラスタオルでくるんで左手で持ち、タオルの反対の端をグラスの奥底まで詰めます。右手の親指をグラスの内側に添え、時計回りに回しながら内側も外側も丁寧に拭きます。

汚れが残りやすいので
注意する

シルバー類の拭き方

スプーン、フォーク、ナイフは、種類ごとに分けておきます。指紋をつけないように布を持った手で柄の部分を持ち、もう一方の手の指先を使って先の方までしっかり拭いていきます。

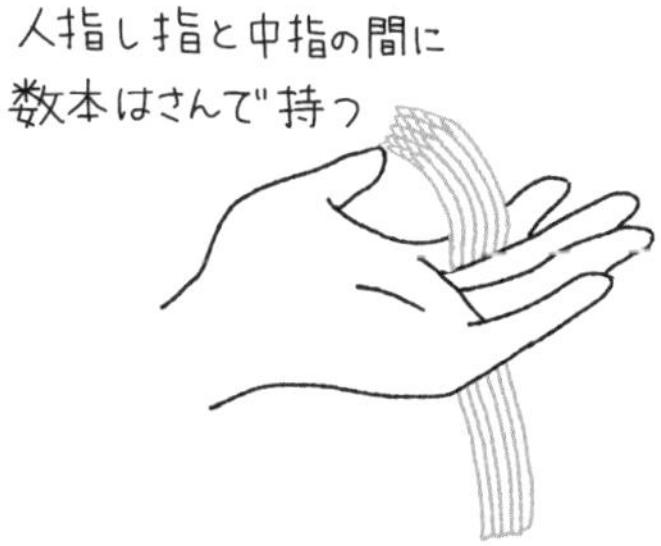
人指し指と中指の間に
数本はさんで持つ

動画で
くわしく

和食器の扱い方

和食器には、重ねるとすぐに傷がつくものや、熱湯で洗うと傷んでしまう漆塗りなどもあるので扱うときは洋食器以上に慎重さが必要です。また、1枚あたりの単価が相当高いものもあるのが和食器です。洗うときは、やわらかいスポンジを湿らせて使い、長時間水に浸けておくのは避けましょう。拭くときも傷をつけないよう、やわらかい布を使い、しっかり乾燥させます。

和食器を洗うときは事前に先輩に確認することを忘れないようにしましょう。

ステンレスの黒ずみに注意

ステンレス台の上で何枚も重ねた皿を動かすと、ステンレス台の汚れが皿の底に黒くついてしまいます。移動の際には持ち上げるか、ステンレス台に布巾を敷いて、その上に皿を乗せるなどの工夫が大切です。汚れた皿を知らずに重ねてしまうと、下の皿の表面も汚れてしまいます。

柄の向きを揃える

柄入りの皿は、必ず柄の向きがおなじになるようにそろえて重ねておきます。盛り付けや、直接テーブルにセットするときの効率がアップし、違う柄の皿が混入した場合にも見つけやすくなります。

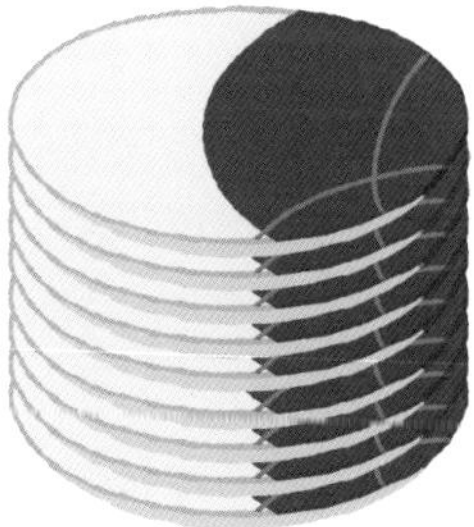

枚数を決めて重ねる

皿は「25枚重ね」や「30枚重ね」と重ねる枚数を統一しておくと、後で数量を数えるときに数えやすくなります。ただし、たくさんの皿を重ね過ぎると、一番下にある皿が傷んだり、汚れが取れなくなったりすることがあるので注意が必要。30枚くらいを限度と考えておくとよいでしょう。

フロアの清掃のポイント

照明器具のチェック

汚れ、ホコリ、球切れのチェックをします。ホコリを払ったあとは再度掃除機をかけるようにしましょう。

アルコール消毒

入り口のドアノブ、テーブルやカウンター、椅子など人の手が多く触れるところはアルコール消毒によって感染症の予防にもつながります。

フロア全体のチェック

床やカーペットに掃除機やモップをかけます。同時に、壁・柱・天井・ドア等の汚れもチェックしましょう。

ガラス・鏡の汚れのチェック

窓ガラスやショーケース等のガラス面のチェックをします。

【ガラス・鏡磨きの裏ワザ】

くもりや油膜、指紋の除去には、新聞紙を使うときれいに磨き上げることができます。炭酸ソーダを霧吹きで吹き付けて拭く方法も。ブラインドは軍手で拭くと便利です。

ドア周辺のチェック

お客様出入り口、従業員用出入り口(キッチンへの出入り口)付近が一番汚れやすいので念入りに掃除機・モップをかけましょう。同時に、ドアの開け閉めはスムーズかどうか、ドア自体にシミがないかどうかもチェックします。

空調機器のチェック

エアコンや空気清浄機などが、故障していないか、温度設定は適切かどうかをチェックします。一般に、夏は25～28℃、冬は22～25℃が適温とされますが、外気温との差や店内の状況などで適宜調整しましょう。

感染症予防にはアルコール消毒を

食中毒の予防には洗浄が、感染症の予防には消毒が有効。従来の店内を綺麗に掃除するだけでなく、アルコール消毒を実施することで感染症の予防にもつながります。

死角に注意

ドアや窓の桟、コーナー、テーブルの裏、イスの上などは、見落としがちなポイント。ほこりや汚れがたまりやすい場所でもあります。クモの巣や害虫がいないかもチェックします。細かな部分まで掃除をいきわたらせ、全体の印象アップに役立てましょう。

掃除機をかけるときは

出入り口付近から始めましょう。清掃が万全でない急な来客の場合も、入口がきれいにされていると、印象がよくなります。

入口周辺とテーブル周りのチェック

看板

看板はお店の顔ともいわれるポイント。文字・ロゴマーク等の欠けや汚れ、ライトの点滅などの不備がないかをチェックします。店の前にメニューボードを出しているところでは、内容に間違いがないか、文字の欠落や汚れがないかをチェックします。

店内までの通路

店周辺の道やエレベーターホール、駐車場、廊下などに落葉や吸殻、ゴミが落ちていないかをチェックします。自分の店だけでなく、両隣の周辺まできれいにしましょう。また、通路の装飾物に破損等がないかチェックします。

入り口の足拭きマット・傘立て

足拭きマットは、マットの上面を掃除するだけでなく、必ず除いてその下を掃除してからマットの砂や汚れを払って敷きましょう。傘立ては、底に水や汚れがたまっていないか、定位置の後ろに汚れがないかチェックして。

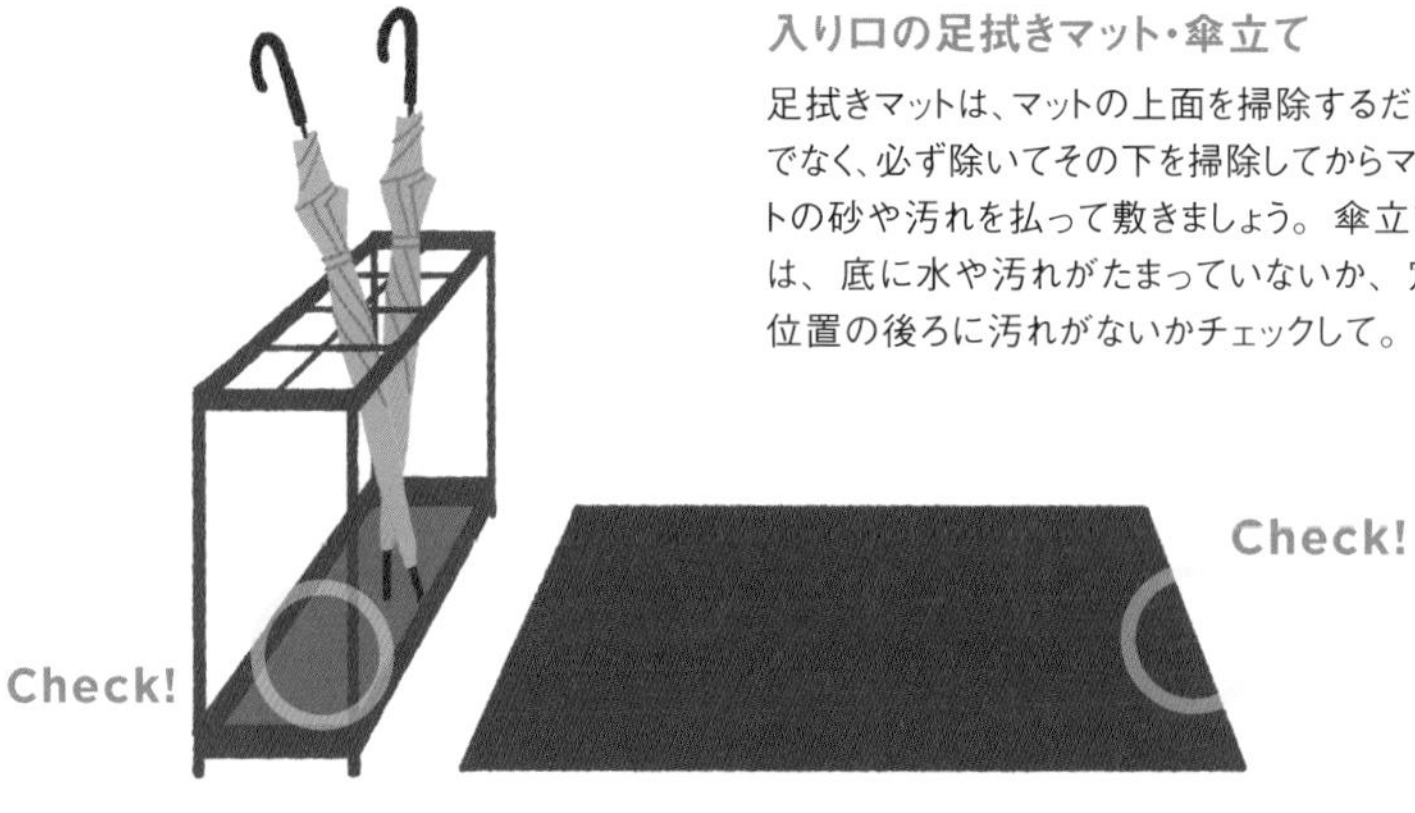

テーブルの配置を確認

その日の予約状況に合わせてテーブルの配置を確認します。通常4人がけにセットされているテーブルを、予約状況に合わせて2人がけに変更したり、4人以上の予約なら、テーブル2卓をくっつけたりして対応します。

観葉植物やインテリア

空間を演出するために置いていても、ほこりが積もってしまうようでは逆効果。お客様の目線に近いところはとくに念入りに掃除をします。観葉植物は水やりと葉の上や鉢の淵など平面にほこりやクモの巣がないかチェックして。

テーブルの拭き方

アルコール消毒液を噴霧し、ぬれタオルで拭くときは、表面だけでなく、裏面の汚れも拭くようにしましょう。その後、もう一度乾いたタオルで指紋や汚れが残らないように丁寧に拭き取ります。子どもが座ったあとなどは特に裏やテーブルの下もチェックが必要です。また、漆塗りのテーブルなど光沢のあるテーブルは反射で汚れが目立つので要注意。

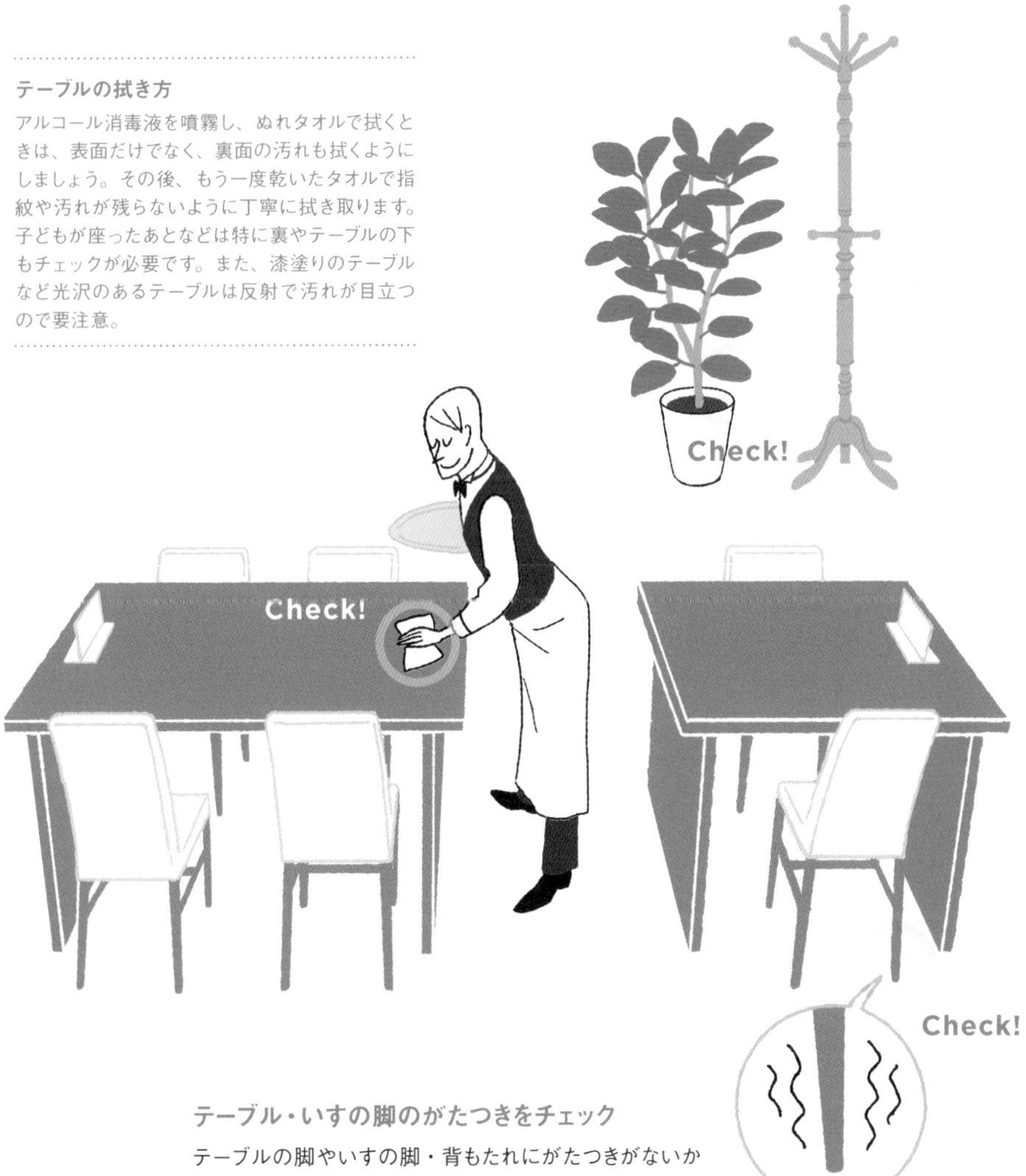

テーブル・いすの脚のがたつきをチェック

テーブルの脚やいすの脚・背もたれにがたつきがないか確認します。長さ調節がついているものは調整してがたつきを改善しましょう。調整ができないものの場合は、配置をずらす、紙片や木片を下に挟むなどして応急処置をします。場合によっては修理に出す手配も忘れずに。

3

見えないサービスの基本

化粧室の清掃のポイント

化粧室は、店の質を表す

化粧室の役割

化粧室は実用的な場所であると同時に、リラックススペース。

大切な食事のとき、化粧室に行って態勢を整える、というのはよくあること。そして大きく印象に残る場所でもあります。トイレは常に清潔で好印象であることが大切です。

掃除・点検のタイミング

お店の繁忙時間帯を避けて行います。開店前、昼食後、閉店後は必ずチェックと掃除、アルコール消毒が必要ですが、それ以外はお客様の動きをみて行いましょう。

食後に利用するケースが多いので、1回転目のお客様から2回転目のお客様に入れ替わるタイミングでのチェックも忘れずに。

営業中に掃除をするときは

- サービス用のエプロンを外すことを忘れずに！
- 中に人がいないと思っても、必ずノックを。男性スタッフが女性トイレ、その逆など、同性でない者が掃除をしなくてはならないときは、特に注意して
- ごみを運び出すときは、お客様の目につかないよう配慮を。
- トイレから出てサービスに戻る前に、もう一度手を洗うこと

便器のチェック

見える箇所はもちろんのこと、便器、便座の裏側まで確認します。水垢の黄ばみや、凹凸部分の黒ずみも丁寧に洗って落としましょう。また、タンク部分はほこりを落とし、水洗金具を磨き上げると、一段と印象がアップします。

ダストボックス、サニタリーボックスのチェック

少量でも入っている場合は、空にします。清掃後はなにも入っていないのが基本です。中身を運ぶときは、中が透けて見える袋は避けましょう。お客様の目に触れず、中身を連想させてしまわないような工夫が大切です。また、ゴミ箱の外側が汚れていないかのチェックも忘れずに。

男女兼用では便座が上がったままになっていないかこまめにチェック!
OK!
汚れやすい部分は要注意!

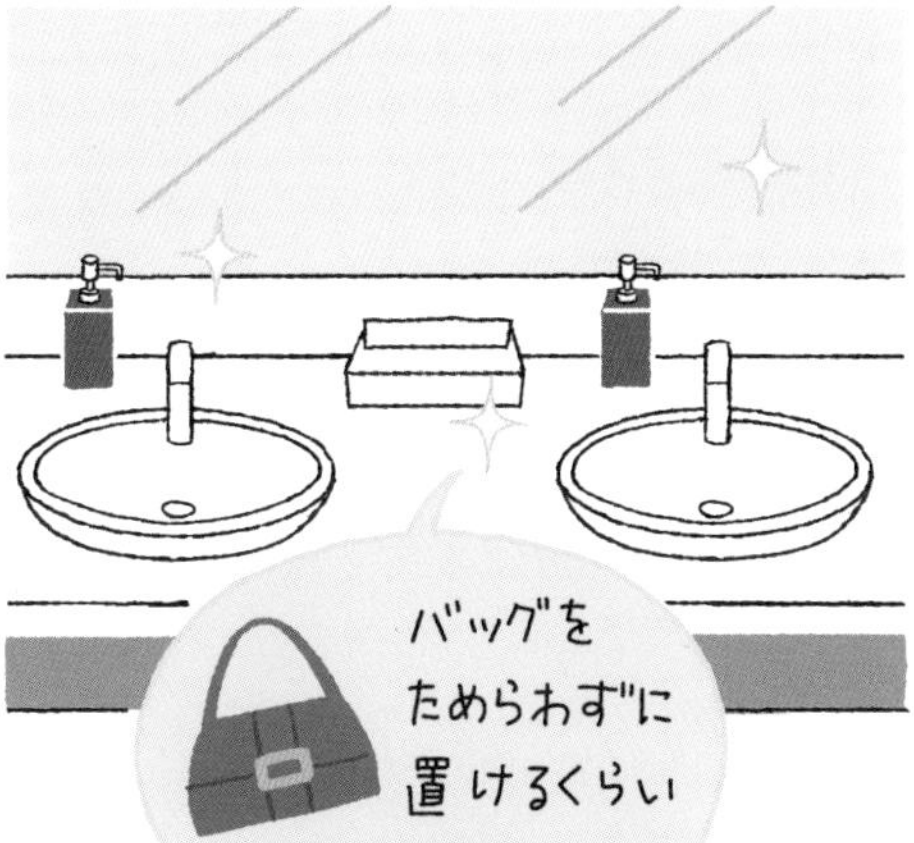
バッグをためらわずに置けるくらい美しく!

化粧台のチェック

手洗い場周辺は水が飛び散りやすく、床も汚れやすい箇所。石鹸水が飛び散った跡は目立つので、化粧台、鏡の下部に注意してふき取りましょう。髪の毛が落ちていないかもチェックします。アルコール消毒も忘れずに。

消耗品の補充・交換

トイレットペーパー、石鹸、ハンドペーパーなどの消耗品は表に出ているものだけでなく、ストックがどのくらいあるのかを確認しましょう。掃除・チェック後は、トイレットペーパーの先を三角に。掃除完了のサインとして受け取られ、きれいな印象をもってもらえます。

においの点検、香料のチェック

清潔な香りを保てているか、芳香剤が効いているかなどを確認しましょう。香りは強すぎても不快感を与えたり、衣類に移ってしまったりとよくありません。飲食店であることに配慮した香りを選びましょう。

さまざまなお客様への対応①

個々の事情に寄り添ったサービスを

配慮すべきポイント

来店されるお客様のなかには、特別な配慮を必要とする方もいらっしゃいます。それぞれのお客様がより快適に食事ができるよう、ポイントを押さえて細やかな気配りができるよう心がけましょう。

ご高齢のお客様

- ▶ 入り口に近い席や段差のない席へ案内する
- ▶ ご案内をお待たせするときは、いすをすすめる
- ▶ 料理、飲み物の説明は、ゆっくり聞き取りやすい口調で。オーダーテーキングもゆっくりとしたペースで行う
- ▶ 調理方法もできるだけ、一口で口に運べるようにキッチンスタッフにも配慮してもらう
- ▶ 使用するナイフ、フォーク類もお客様の要望を聞き、必要であれば箸を用意する
- ▶ オーダーされた食べ物のかたさを意識し、必要であれば確認する

杖の方や足の不自由なお客様

- ▶ 入り口に近い席や段差のない席へ案内する
- ▶ 着席時や席を離れる際には補助を行う
- ▶ 車いすのお客様をご案内するときは、通りやすい経路を意識し、障害物等があればどかす
- ▶ 車いす対応のトイレがあるかどうかをあらかじめ伝えておく

目の不自由なお客様

- ▶ どのような誘導が必要かを確認する。つかまってもらう場合は、肘《ひじ》を差し出すようにし、白杖や盲導犬のハーネスによって誘導しないようにする
- ▶ 座席へ案内したら、手を背もたれに導き、テーブルとともに位置を確認してもらう
- ▶ テーブル上に水や料理などを並べる際には、簡単にどの位置に置いたのかを説明する。時計の文字盤に例えて、「6の位置にパスタ」「2の位置にサラダ」などと説明してもOK
- ▶ オーダーテーキングの際は、必要に応じてメニューをわかりやすく読み上げ、値段も合わせて伝えるようにする

何かお手伝いできることがあれば、お申し付けください

子ども連れのお客様

- ▶ 他のお客様の迷惑にならないテーブルを選ぶ
- ▶ 子どもいすが必要かどうかを確認し、用意する。着席時にはほかのお客様より優先的に着席をお手伝いする
- ▶ 小さめのフォークやナイフ、スプーン、取り皿などを用意する
- ▶ お子様が退屈してしまわないよう、料理はできる限り優先的にサービスする
- ▶ 騒いだり、席を離れて走り回るなどほかのお客様の迷惑になるときは、保護者にも協力を求める
- ▶ 授乳、おむつ替えができるスペースがあるかどうかをあらかじめ伝えておく

おとなりのお席に
盲導犬を同伴の
お客様をご案内させて
いただきます……

補助犬対応時のポイント

- ▶ 補助犬使用者を案内する際には、隣のお客様に「お隣に補助犬をご同伴のお客様をご案内しますが、よろしいですか」と一声かける。犬アレルギーなどがあり、不都合と言われた場合には、できるだけ離れた席を案内する
- ▶ 外出時の補助犬は、飼い主を助ける仕事中。水や食べ物を勝手に与えたり、体をなでたりすることは避ける
- ▶ 補助犬が他のお客様の邪魔になる場所にいる場合には、飼い主にお願いして移動してもらう
- ▶ 和室などに案内する場合は、補助犬が休めるような敷物を敷く
- ▶ 他のお客様とのトラブルを避けるため、補助犬に関して説明できるようにしておく

Welcome!
ほじょ犬

補助犬とは

盲導犬、介助犬、聴導犬のことをいいます。身体に障害がある人の社会参加や自立を助けるため、特別な訓練を受けています。補助犬の受け入れは、身体障害者補助犬法に則した対応であり、飲食店にも同伴できます。理解をもって気持ちよく受け入れましょう。

さまざまなお客様への対応②

思わぬアレルギーを考慮する

食材の確認をされる方には、食物アレルギーの可能性あり

「このメニューにはエビとカニは入っていますか?」という質問には慎重に答えましょう。食物アレルギーの症状には個人差がありますが、場合によっては呼吸困難などのショック状態を起こして死亡することもあります。

料理に使われる食材は、粉末や、抽出エキスなどに加工され、外見からは使用の見当がつかない場合も多くあります。食材について問われた場合には、安易に答えず、キッチンに確認してから返答するようにしましょう。

アレルギーを起こしやすい食材

加工食品を販売する際には、食品衛生法により、表示すべき特定原材料が定められています。これらは、アレルギーの症例が多いもの、症状が重篤になりやすいとされるものです。

飲食店でも、これらの原材料を参考に、お客様への案内時には注意するようにしましょう。

特に症例数が多く注意すべき食品は
▶卵、乳、小麦、そば、えび・かに(甲殻類)、落花生(ピーナッツ)、くるみ。他にもいかや果物など20品目あります。

アレルギーのお客様かも…

食事制限をされるお客様

▶健康上の理由で食べ物、量、味付けなどを制限されているお客様に対しては、お客様の希望を十分に聞くようにし、キッチンスタッフにもその旨を正しく伝える
▶料理をサービスする際は、お客様の依頼に沿っているかを再度確認するため、もう一度内容を伝える

OK

VIPへの対応

VIPとは

Very Important Personの略。要人や重要顧客という意味で、お店にとって重要な顧客や人物を指しています。サービスは特に注意を払い、万全の体制で臨みましょう。

例えば

- オーナーや店が特にお世話になっているゲスト
- 顔が広く、多くのゲストを連れて来て店の宣伝をしてくれるゲスト
- 著名（政治家、実業家、芸能人など）で、その人が来ることで店の宣伝につながったり、店の格を上げてくれるゲスト
- よく利用してくれて、多額の売上協力をしてくれる常連客

〈予約が入ったら〉

- ご希望のテーブルを聞き、一番合う場所を用意する。他のお客様が先に決まっている場合は、可能であれば変更等を行う
- 予約席の周囲の席への予約は控えたり、失礼が発生しないように予約客をコントロールする
- 予約時間には、いつでもお迎えできる体制を整えておく

〈来店されたら〉

- 来店されたら、支配人やマネージャーが出迎える。迎賓時にいない場合は、すぐに連絡を入れる
- 料理長、キッチンスタッフにも連絡を入れる
- サービスは慣れたスタッフが対応する
- 突然の来店の場合は、その時点でのもっともよい席へ案内する
- お帰りの際のタクシーの用意などは早めに手配を
- 秘書や運転手など、付き添いの方が他の場所にいる場合は、食事の進行状況を連絡し、お帰りの際に不備が発生しないように対応する

さまざまなお客様への対応③

宗教による制限は絶対と心得る

異文化への配慮は細やかに

文化や生活習慣の異なる外国人のお客様への対応は、特定の部分において、より細やかな配慮が必要です。

宗教による食事制限も配慮すべき項目のひとつです。事前に予約があった場合には、食べられない食材の有無についても確認しておき、スムーズに対応できるようにしましょう。

また、お通しがある店では、簡単に説明しておくとよいでしょう。箸の扱いが慣れていないお客様には、フォークやスプーンを用意します。

イスラム教の「ハラール」(ハラル)とは

厳しい戒律で知られるイスラム教において、"認められているもの・こと"を指します。特にその食べ物をハラルフードといい、イスラム教徒にとっては、ハラルフード以外は、生理的に食べられないと理解しましょう。

食事制限については原料まで意識して

- 厳格な食事制限をしている場合には、該当する食材を扱った調理器具が使われることを忌避する人も
- 魚介類全般を忌避する場合、鰹節でとった出汁も対象
- ブイヨン、ゼラチン、 肉エキス、バター、ラード、牛脂などもNGな場合もある
- アルコールがNGなお客さまのテーブルからは、ワイングラスなどを下げる。料理酒、みりん、香り付け用アルコールなどにも注意

ブイヨンや
出汁の原材料
にも注意!

いろいろな食事制限の例

【ベジタリアン】

宗教や思想、健康上の理由で野菜を中心とした食生活をする人々のこと。多種多様なスタイルがあり、野菜以外は一切食べない例もあれば、鶏肉、魚肉などは食べる例もある。精進料理も、鰹節の出汁などを使っている場合があるので注意。ヴィーガンは「完全菜食主義者」のこと。

【イスラム教】

豚、アルコール、血液、宗教上の適切な処置が施されていない肉、うなぎ、いか、たこ、貝類、漬け物などの発酵食品などを制限。

【ユダヤ教】

豚、血液、宗教上の適切な処理が施されていない肉、乳製品と肉料理の組み合わせ、いか、たこ、エビ、カニ、貝類、うさぎ、肉食動物などを制限。

【仏教】

食事制限をしているのは、一部の僧侶と厳格な信者。肉全般、牛肉、五葷《ごくん》などを制限。

【キリスト教】

基本的に食事に関する制限はない。一部の分派にのみ制限がある。

【ヒンズー教】

牛、豚、魚介類全般、五葷などを制限。社会的地位が高い人ほど肉食を避ける。

【ジャイナ教】

肉全般、魚介類全般、卵、根菜・球根類などの地中の野菜類、ハチミツなどを制限。

【五葷《ごくん》】精進料理で使うことが禁じられている、にんにく、ねぎ、にらなどの5種類の野菜のこと。何を五葷とするかは時代や地域により異なる。

Column

チームワークの秘訣はお互いの違いを認めること

社員やアルバイトなど、いろいろなスタッフが存在するなかで、うまくみんなの調和を図るには、それぞれが違う人格をもち、違う考えをもっているということを理解すべきである。

絵画には、強調されるメインのモチーフ、それを引き立てる背景が共存しながら、各々が役割を果たしている。そのうえで、様々な色が混ざらずにバランスをとり、協調し合っている。

サービスもおなじで、チームワークで仕事をしているということを忘れていけないし、それぞれの役割があってのチームということを忘れてはいけない。

4

テーブルセッティングの基本

シルバー類の種類と用途

ナイフ類

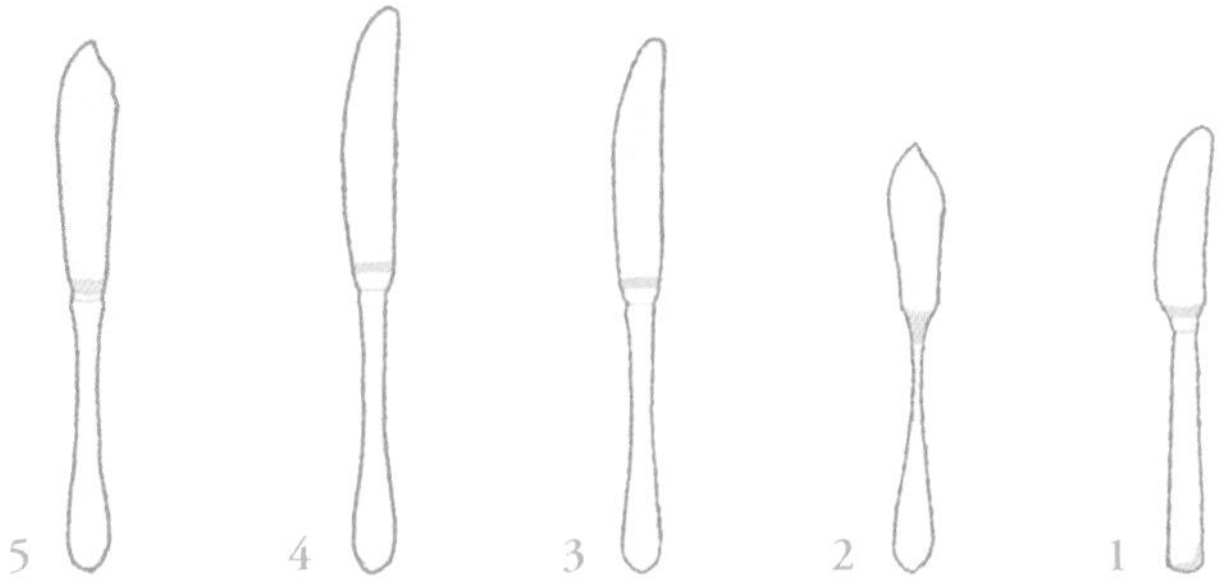

3. デザートナイフ
（オードブルナイフ）

オードブル、サラダ、デザート、チーズに使う。ミートナイフとの判断に迷うときは、立てて比べる。

2. バタースプレッダー

バターをパンに塗るときに使う。パン皿やバタークーラーに添える。

1. フルーツナイフ
（バターナイフ）

フルーツ用のナイフ。八つ切りメロンを切るときや、バターを取り分けるときに使う。

5. フィッシュナイフ

魚料理用のナイフ。魚の骨を取り除くことができるよう、先端がとがっている。

4. ミートナイフ
（ステーキナイフ）

肉料理、鳥料理に使う。刃がギザギザしているものはステーキ用、そうでないものは鳥料理等に使う。

フォーク類

3. デザートフォーク
（オードブルフォーク）

オードブル、サラダ、デザート、チーズ用に使う。

2. ケーキフォーク

ティースプーンと同じ大きさ。フォークだけで食べられるケーキをサービスするときに使う。

1. フルーツフォーク

フルーツ用のフォーク。アピタイザーなどの、小さな器に入った料理に使うこともある。

5. フィッシュフォーク

魚料理用のフォーク。ミートフォークと区別するために形状を変えてある。

4. ミートフォーク

肉料理、鳥料理に使う。ナイフ同様、食事用の中ではいちばん大きい。

スプーン類

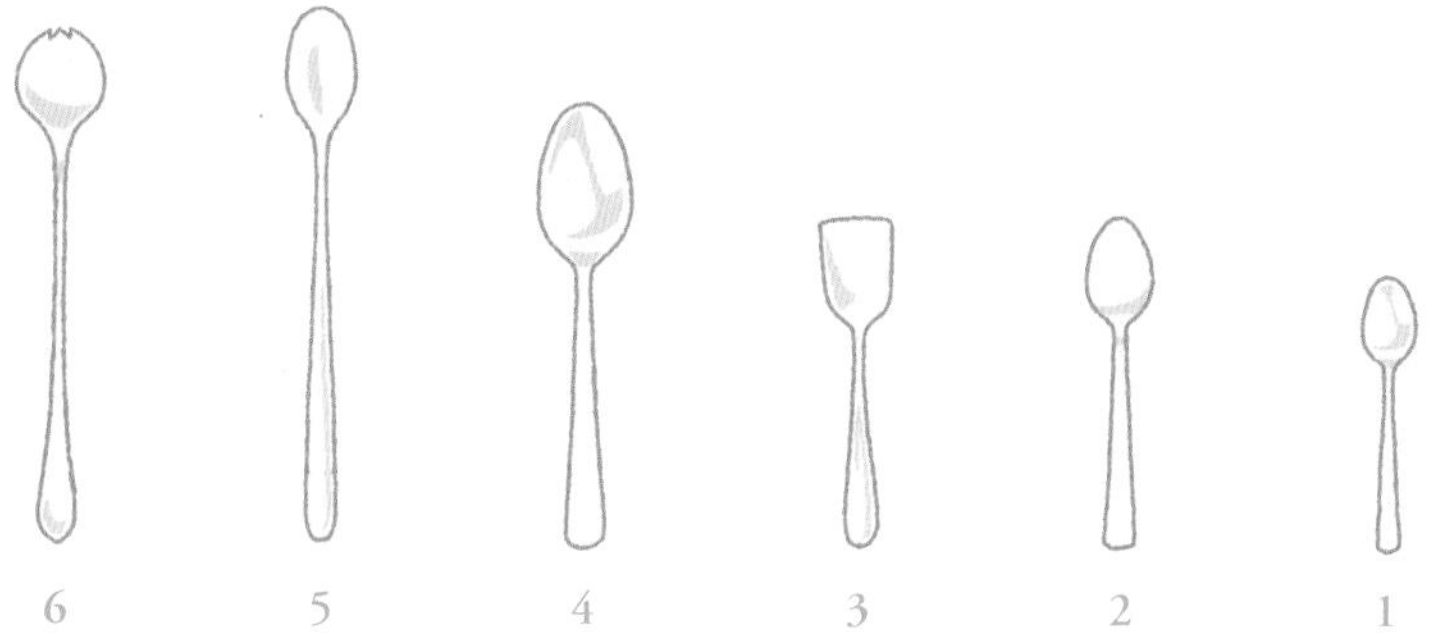

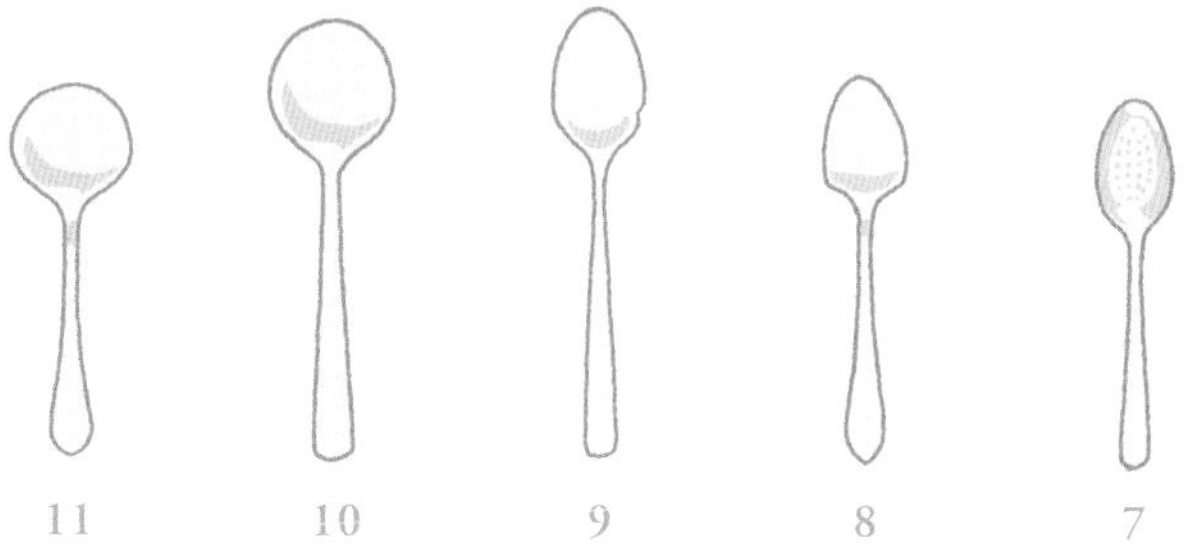

4. デザートスプーン

デザート用のスプーン。ナイフ、フォークと同様にスープ仕立ての前菜やシリアル、カレー、ピラフなどにも使う。

3. クリームスプーン

アイスクリーム用のスプーン。アイスクリームを削って運べるように先が広くなっている。

2. ティースプーン

紅茶用のスプーンで、レギュラーサイズのコーヒー用のスプーンとしても使用する。シャーベットにも使う。

1. デミタススプーン

デミタスコーヒー、エスプレッソコーヒー用のスプーン。コーヒースプーンより小ぶり。

8. グレープフルーツスプーン

グレープフルーツ用のスプーン。果肉を皮からはずしやすいよう、端がギザギザになっている。

7. ストロベリースプーン

いちご用のスプーン。いちごを逃さずうまくつぶすため、すくう面が平たくなっている。

6. メロンスプーン

メロン、スイカ用の日本独自のスプーン。種を取りやすくするため、先がギザギザになっている。

5. ロングスプーン

コーヒーフロート、ソーダフロートに使う。グラスに合わせ、柄が長い。

11. ブイヨンスプーン

スープをブイヨンカップでサービスするときに使う。スープスプーンより小ぶり。

10. スープスプーン

スープ用のスプーン。口に運びやすいよう、すくう面は円形にちかく、柄は短くなっている。

9. フィッシュスプーン

魚料理のソースをすくうときに使う。すくう面が平たくなっているため、すくいやすい。

サービス器具類

サービングフォーク・スプーン

一般的にサーバーと呼ばれ、料理を取り分けるときに使う。スプーンのみでも使う。

ケーキナイフ

ホールケーキを切り分けるときに使う。刃を抜くたびに付着したクリームなどを拭き取ると、きれいに切れる。

ケーキサーバー

切り分けてあるケーキを皿に移すときに使う。手前から奥へ差し込むようにしてケーキをのせる。

ケーキトングス

ケーキをはさんで皿に移すときに使う。横から、ケーキの側面をつかむようにはさむ。

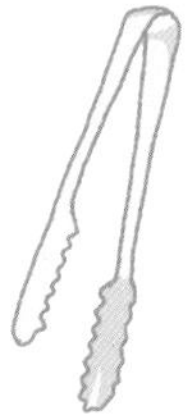

アイストングス

氷をはさんで、グラスなどに移すときに使う。氷がすべらないよう、先がギザギザになっている。

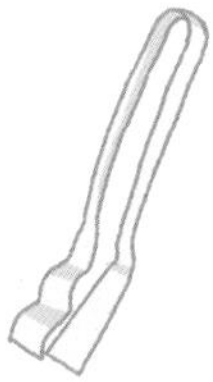

ブレッドトング

卓上にパンをサービスするときに使う。パンを傷つけないよう、先は平らで面が広い。

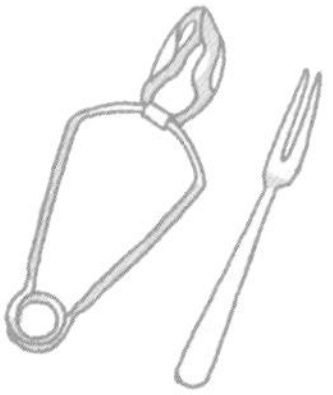

エスカルゴトング・フォーク

エスカルゴの殻をはさみ、取り出すときに使う。お客様だけでなく、サービスするときにも使う。

サービス器具類

チェーフィング ディッシュ

金属皿の下に湯煎や固形燃料などの熱源がある保温器具で、朝食バイキングや立食宴会など幅広く使用される。

冷製料理用飾台 (はかま)

立食宴会などで、各種オードブルなど冷製料理を丸型や角型などの銀盆（プラッター）を載せて豪華に演出する飾り台。

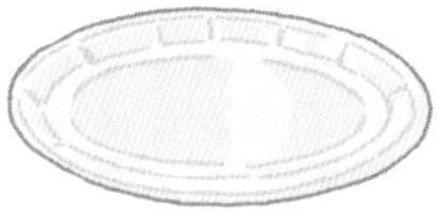

銀盆(プラッター)

料理を盛り付けるための銀製のトレイ。立食パーティーなどに用いる。さまざまな大きさがある。

サービストレイ

料理や、器、おしぼり、使用後の器や残飯までホールスタッフがものを運ぶときに使うお盆。

スープチューリン

テーブル全員分のスープを取り分けるときに使う器。熱くなっている場合はトーションを使用する。

ソースボート
（ソースポット）

ソースやドレッシングを取り分けて、サービスするための器。陶器でできたものもある。

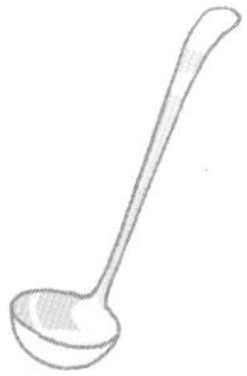

スープレードル

スープをすくうときに使う。容量が細かく設定されているので、一定量を注ぐために料理に応じて決まったものを使うこと。

ソースレードル

ソースボートのソースを料理にかけるときに使う。ソースボートに入れてサービスしてOK。

ウォーターピッチャー

お客様にサービスする飲み水を入れる容器。ガラス製やプラスチック製などもある。

コーヒーポット

コーヒーをサービスするときのポット。傾け方によっては、コーヒーが注ぎ口から勢いよく飛び出すので要注意。

ティーポット

紅茶をサービスするときのポット。茶葉が広がりやすいよう、コーヒーポットより高さが低く、横に広い形になっている。

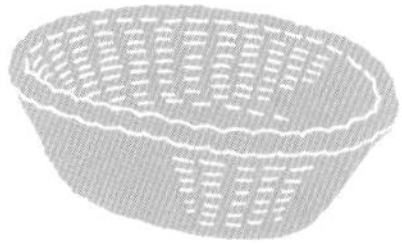

ブレッドバスケット

パンを入れてテーブルに運ぶときに使う。籐製のものもある。ナプキンを中に敷いて使うことが一般的。

卓上小物類

バタークーラー

バターが溶けて柔らかくなるのを防ぐための蓋付きのバターケース。

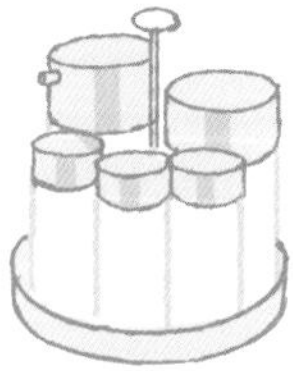

カスターセット

塩、胡椒、爪楊枝が基本。醤油、ソースなどをのせる店もある。補充は8分目まで。

シュガーポット

角砂糖やグラニュー糖などを入れる器。中身が湿って固まっていないか確認する。

シュガーレードル
（シュガースプーン）

シュガーポットに添えて、砂糖をすくうときに使う。

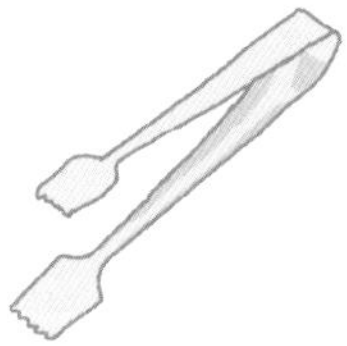

シュガートング

シュガーポットに添えて、角砂糖をはさむときに使う。

クリームピッチャー

コーヒー、紅茶用のクリーム容器。注ぎ口にクリームが凝固しやすいので注意する。

フィンガーボウル

お客様が食事中に指先を洗う器。エビやカニなど素手で食べる料理があるときに使い、該当の料理と一緒に下げる。

トゥースピックケース

爪楊枝入れ。カスターセットに含まれることもある。入れすぎると出にくくなるので注意。

ペーパーナプキンスタンド

紙ナプキン入れ。詰め込みすぎると、引き出しにくくなるので注意すること。

その他

ワインクーラースタンド

ワインクーラーをのせる台。ワゴンやテーブル上にワインクーラーをのせたくないときに使う。

ワインクーラー

シャンパンや、ワインを冷やすための器。3分の1程度まで氷水を入れて使う。

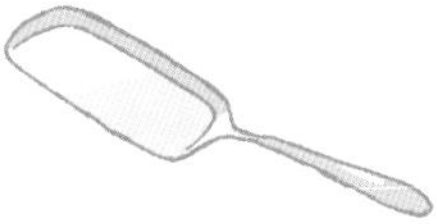

ダストパン

テーブル上に落ちたパンくずを片づけるときに使う(→ 74ページ)。

パニエ

赤ワインを入れて運ぶときに使う。寝かせた状態でテーブルに置き、籠ごと持ち上げてグラスに注ぐ。

フルーツスタンド

果物を飾る脚つきの台。テーブルを華やかに演出する効果がある。

グラス類

シャンパングラス

シャンパン用のグラス。縦長のフルート型と平たいクープ型の2種類がある。フルート型は泡と香りを楽しむために細長くなっている。

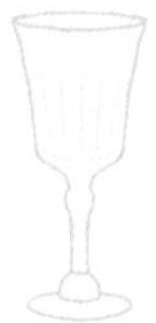

シェリーグラス

シェリー酒用のグラス。リキュールグラスよりひとまわり大きい。容量は60～75ml。シェリーはスペインのワイン。

白ワイングラス

白ワイン用のグラス。白ワインは冷やして飲むことが多いため、グラス内でぬるくなってしまわないよう、赤ワイン用より小ぶりになっている。

赤ワイングラス

赤ワイン用のグラス。上がすぼまっている形状のものもあり、サイズは大きなほうが香りや味を楽しめる。

ゴブレット

水用の脚つきのグラス。ビールやソフトドリンクに使うこともある。

タンブラー

10オンスは、ロングドリンクやソフトドリンクなど、8オンスは水割りやハイボールなどに使う。6オンスもあり、容量によって用途が変わる。

オールド ファッションドグラス
（ロックグラス）

ウィスキーやショートドリンクを、氷で割るオンザロックスタイルで飲むときに使う。丸く削った氷を入れる。

ウィスキーグラス
（ショットグラス・ストレートグラス）

ウィスキー用のグラス。ダブル、シングル、ストレート用がある。

ブランデーグラス

ブランデー用のグラス。ブランデーは手の体温であたためながら飲むため、手の平で包みやすいよう、底がふくらんだ形になっている。

カクテルグラス

カクテル用の逆三角形のグラス。炭酸を含まないマティーニなどのショートドリンクに使う。カクテルでも、炭酸を含むものにはタンブラーを使う。

ビアグラス

ゴブレットやタンブラーが使われる。居酒屋などではグラスのほか、取っ手のついたジョッキが一般的。中ジョッキは500ml、大ジョッキは800ml。

チャイナ類

皿類

[平皿]

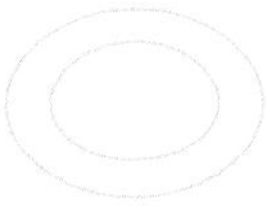

パン皿

パン用の皿。直径15〜20cm程度。

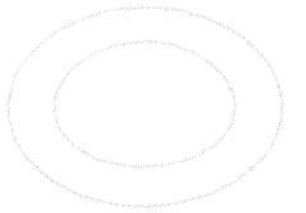

デザート皿

前菜、サラダ、デザート用の皿。直径20〜23cm程度。

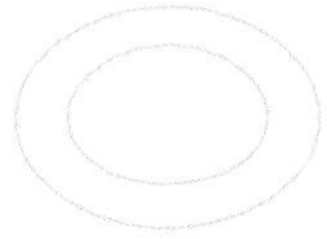

フィッシュ皿

前菜、魚料理用の皿。直径23〜25cm程度。

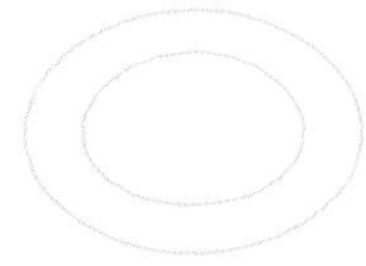

ミート皿

肉料理、メイン料理用の皿。直径25〜27cm程度。

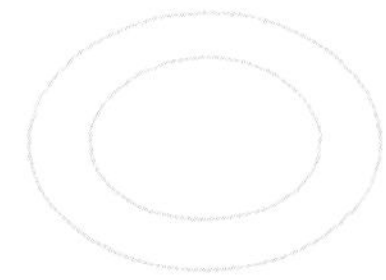

飾り皿（位置皿）

着席の正面に置く。直径30cm以上。基本的には料理をサービスするタイミングで下げるが、料理皿を重ねることも。

[その他]

エッグスタンド

ゆで卵をのせる器。ゆで卵の尖ったほうを上にしてのせ、スプーンで殻を割って食べる。

[深皿]

ベリー皿

デザートやアイスクリーム、いちごなどを盛る皿。直径16cm程度。

シリアル皿

シリアルや、サラダを盛る皿。直径18〜20cm程度。

スープ皿

スープ用の皿。直径20〜23cm程度。

カップ類

デミタスカップ

エスプレッソコーヒー用のカップ。カップの容量は100ml程度。エスプレッソはシングルが30ml、ダブルが60ml。

コーヒーカップ

コーヒー用のカップ。ブレンドやアメリカン、カフェオレなどに使う。容量は220ml程度。

ティーカップ

紅茶用のカップ。コーヒーカップより広口でやや小ぶりなものが多い。容量は200ml程度。

ブイヨンカップ

コンソメスープ用の取手付きカップ。両端に取手があるものが多く、両手で口元へ運び、カップに口をつけて飲む。

受け皿（ソーサー）

スープやコーヒーなどのカップをのせる皿。それぞれのカップとデザイン、サイズともに揃いになっている。

備品の種類と用途

リネン類

テーブル用クロス

アンダークロス、テーブルクロス、トップクロスの3種類があり、それぞれ用途が異なります。テーブルセッティングには、この3種類を組み合わせて使います。

ナプキン

食事中に口や指を拭いたり、衣服を汚さないように胸やひざにかけたりする布。きれいに折られたナプキンは、店の雰囲気づくりにも効果的。

テーブルクロス

2番目にかける布。垂れの部分が30～50cm程度の長さになるものを選ぶ。

アンダークロス

いちばん初めにテーブルにかける布で、テーブルの感触をやわらげる、上に敷くクロスをすべりにくくする、食器を置く音がたつのをふせぐ役割がある。

トップクロス

いちばん上にかける布で、サイズはテーブルクロスより小さめ。店によっては省くところもあるが、汚れたときの取替えがしやすく、装飾効果もアップする。

おもなテーブルクロスと適したテーブルのサイズ

テーブルクロスのサイズ	テーブルのサイズ
1間クロス	180 × 90
2間クロス	360 × 90
大角クロス	180 × 180
丸クロス	直径 180

（単位：cm）

グラスタオル／ディッシュタオル

グラスには、清潔で丈夫、拭いたあとに繊維が残らない麻の混紡、皿には、吸水性が高い綿やレーヨンなどと、食器と布巾の特性の合ったものを使うときれいに仕上がる。

ダスター

テーブルを拭く台拭きや、ぞうきんなど、店内の清掃用に使う布の総称。使用後は必ず漂白して衛生を保てるよう管理する。

トーション（アームタオル）

ウォーターピッチャーやワインボトルの水滴を拭いたり、熱い器を持つときに使う清潔なタオル（→21ページ）。

ワゴン類

サービスワゴン

料理や食器をキッチンからテーブルに運ぶためのワゴン。サービス時に盛り付け用のテーブルとしても使う。壁にぶつかりそうな細い通路や、段差のある場所を通るときは、料理の盛り付けが崩れたり、汁がはねたりしやすいので特に丁寧にゆっくり押すこと。

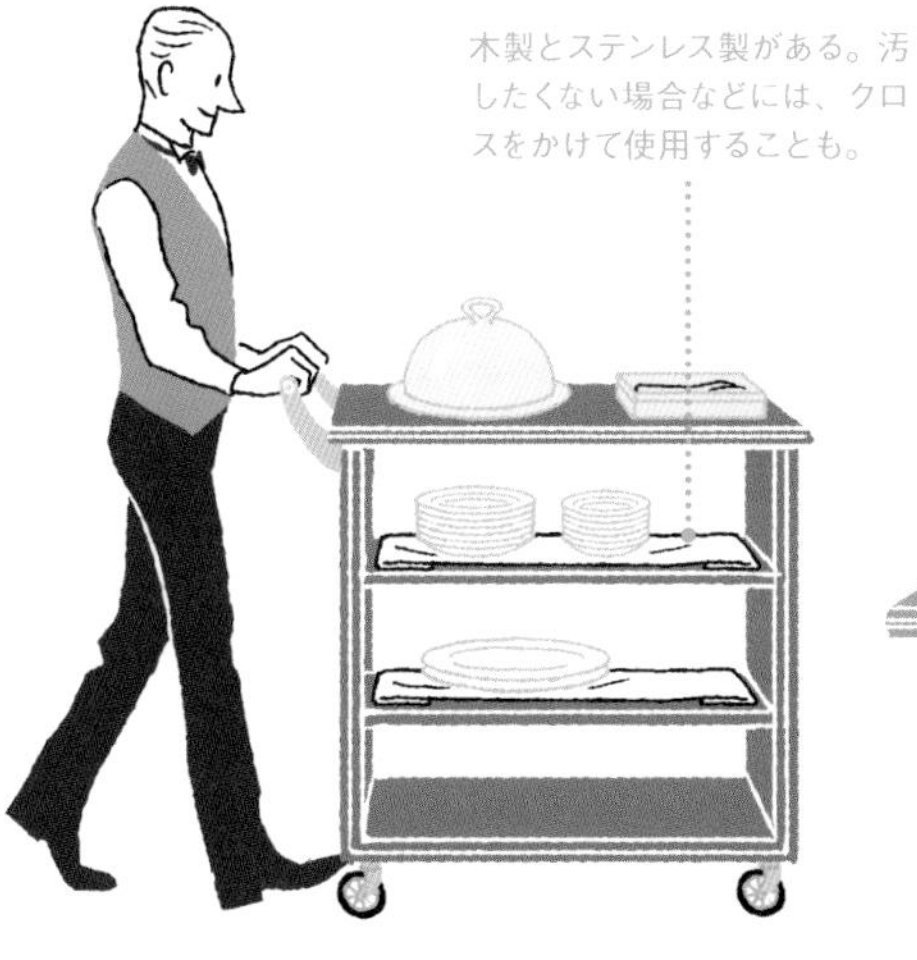
木製とステンレス製がある。汚したくない場合などには、クロスをかけて使用することも。

フランベワゴン

お客様の前で火を焚いて調理の仕上げをするときに使う。ワゴンには固形燃料がセットできるようになっており、ブランデーやリキュールなどでフランベする。適温でサービスできるほか、視覚、臭覚を刺激できるため、演出効果も大。

火を使うため、油汚れや黒いくすみなどの汚れがつきやすい。家庭用洗剤等で洗う。

テーブルクロスのかけ方

1

アンダークロスのかけ方

たるみやしわのないようにアンダークロスを広げ、クロスの端をテーブルの下に折り込んで、テープ等で留めて固定します。

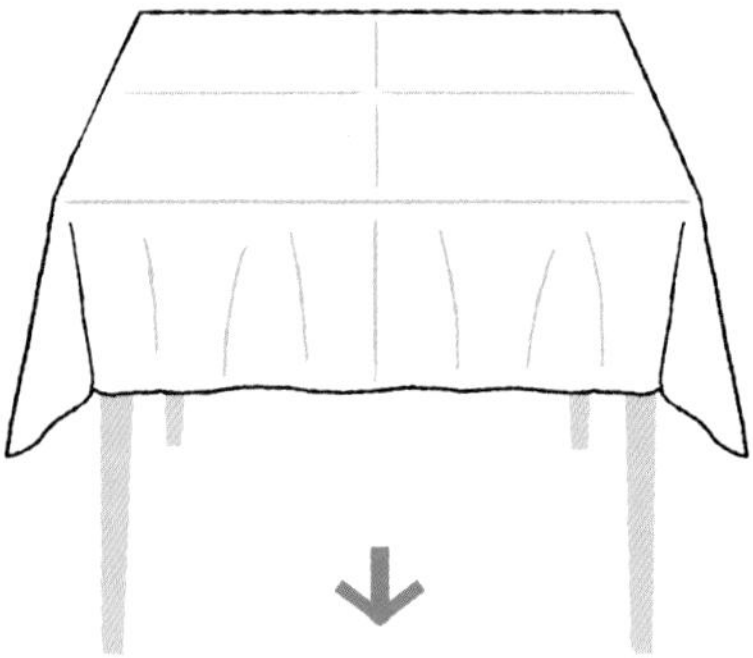

2

クロス・トップクロスのかけ方

クロスの中心がテーブルの中心と重なるように広げます。折り目の山が表になるようにかけましょう。クロスの端が、均等にたれているかをチェックします。

3

しわのとり方

霧吹きで表面を軽くぬらし、ブラシや白手袋をした手で伸ばすとしわが消えます。また、アイロンをかけてもよいでしょう。

営業中にクロスを換えるときは

営業中にクロスを換えるときは２人がかりでクロスをかけると、騒がしい印象になってしまうため、１人でかけるようにしましょう。お客様から遠いテーブルの場合は２人がかりでもOK。

クロスを片づけるときの注意

クロスの上をきれいに片づけてからはがします。シルバーやごみなどを巻き込んでいっしょに洗濯に出さないように注意して。アンダークロスは、毎回かけ換える必要はありません。

丸いテーブルの場合

テーブルの脚の位置にクロスの四隅がくるように広げます。テーブルの脚を隠す意識でかけましょう。

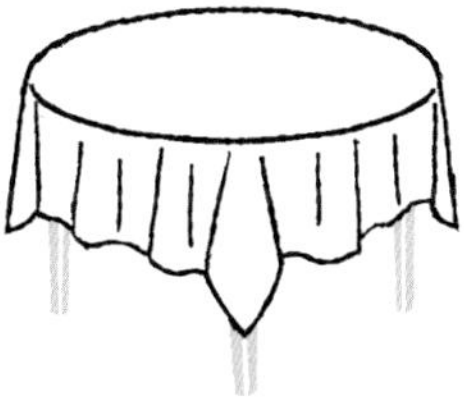

クロスの幅がたりない場合

１枚のクロスでは長さがたりず、２枚のクロスを使用する場合は、上座にかかるクロスの方が上になるように重ねます。

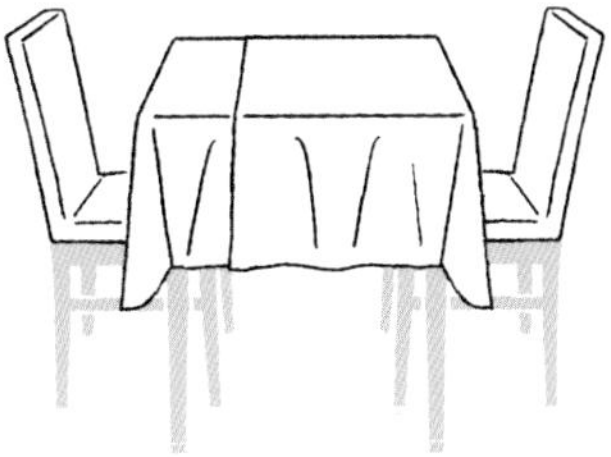

いろいろなテーブルラッピング

ビニール加工のテーブルクロス

テーブル上が汚れてもダスターで拭けばOK。下のクロスとのズレもナシ。柄を選べば、店内の演出にも効果を発揮。

ランチョンマット・トレイを活用

毎回洗浄するので清潔感も◎。トレイの場合は、そのまま運べる利点もアリ。カジュアルなお店やファミリーレストランなどで重宝。

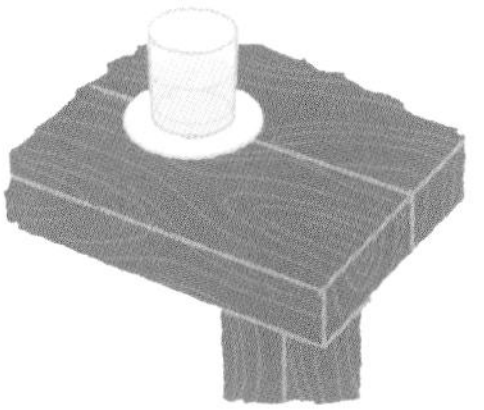

テーブルの素材感を活かす

こだわりの材質のテーブルは、あえてなにも敷かずに質感を楽しむ。カフェや、ダイニングバーなど、雰囲気が欠かせないお店に。

ナプキンの折り方

清潔な場所で折る

ナプキンの役割

ナプキンは食事中に口や指を拭いたり、衣服を汚さないように胸やひざにかけたりと、お客様の肌や口元に直接触れるものです。折る前には、丁寧に手を洗います。作業する場所の衛生面にも気を配ることが大切です。

また、華やかさを演出するなど、店の雰囲気作りに役立つアイテムでもあります。まずは基本的な折り方からマスターしましょう。

いろいろな折り方

CHECK!

表裏に注意

裏面を表にして折り始めましょう。逆にすると、折りあがったとき、裏面が表に出てしまいます。

八つ折り

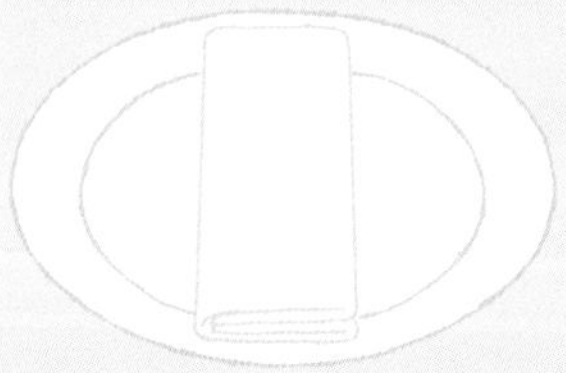

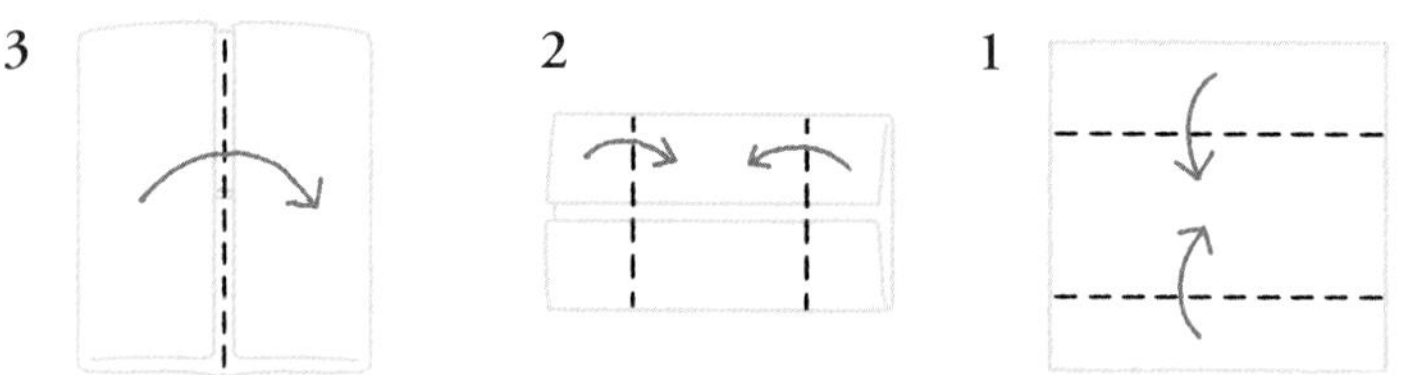

1

真ん中に折り目をつけ、絵のように、端を折り目に揃えて折る

2

同じように、左右を折る

3

さらに半分に折る。セッティングするときは、折り目を左にする

動画でくわしく

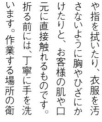

二枚扇

1

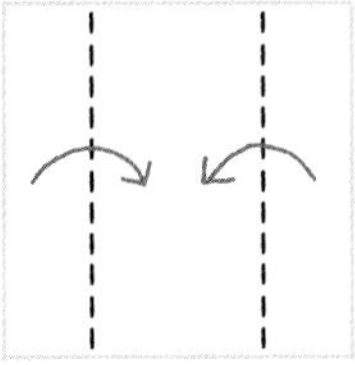

真ん中に折り目をつけ、絵のように、端を折り目に揃えて折る

2

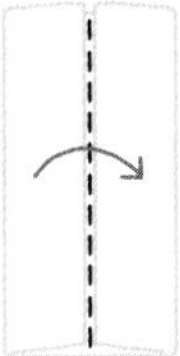

さらにたて半分に折る

3

8 等分の蛇腹折りにする

4

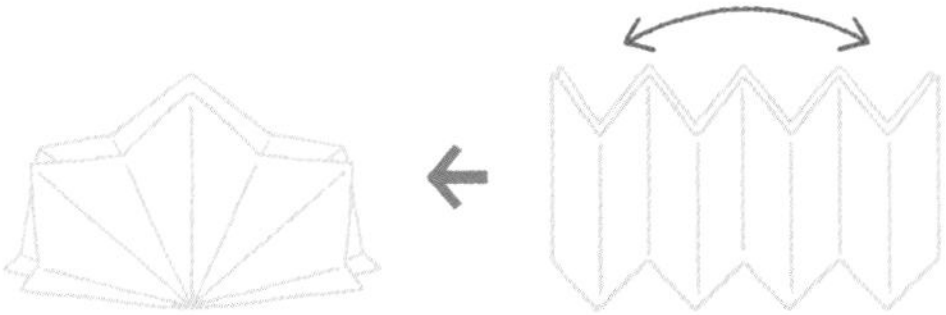

2 枚に分かれている側を上にし、下を指で押さえながら、崩さないようセッティングする。上下を逆にすると一枚扇になる。

王冠

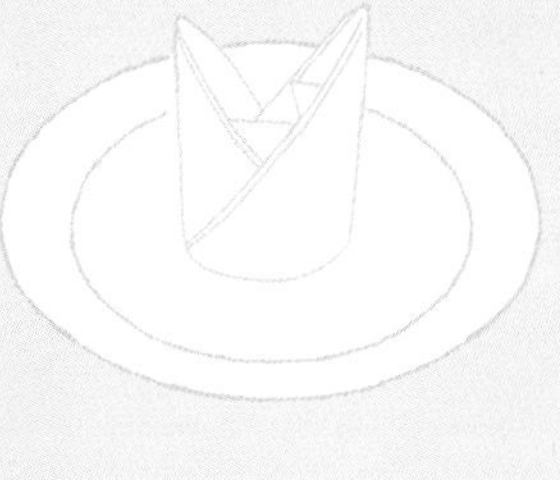

立体になるように広げてセッティングする

1

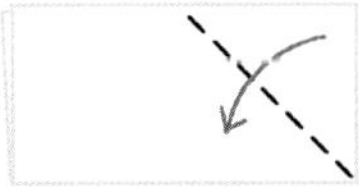

真ん中で 2 つに折り、折り目を手前にして、右奥の角を折る

2

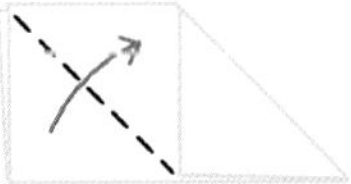

左手前の角も絵のように折る

3

裏返す

4

手前を持って、絵のように奥に向かって半分に折る

5

右側の三角形を絵のように引き出す

6

左端を持って、三角形の中心で折り、端を右側の三角形の下に入れる

7

手前を持って奥に倒すように全体を裏返す

8

右側の三角形も同様に中心で折り、左側の三角形の下に入れる

テーブルセッティング

テーブルセッティングの手順とコツ

テーブルの配置を決める

まず、予約客の席から始めます。予約台帳に記載されている人数、料理の内容、飲み物の内容を確認して、必要な備品をセッティングします。予約客のテーブルセッティングが済んだら、空いているテーブルのオープン時の基本セッティングを行います。

1. 飾り皿

はじめに飾り皿などを使ってセッティングの位置を決める。一般的には、飾り皿は高価なため、破損を防ぐためにナプキンやパン皿を代わりとすることが多い。ナプキンなら折りたたんだ状態で、パン皿なら裏返した状態でセットしていく。

4人掛けのテーブルに2人分のセットをするときは、通常は向かい合わせに、景色のよい席なら景色が見えるように隣合わせにセットする。3人掛けのときは、一番入り口に近い席か景色のよくない席を空けるようにする。

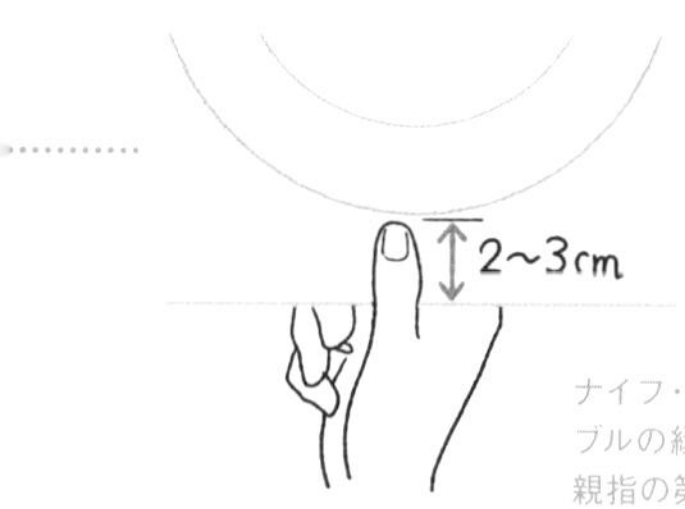

ナイフ・フォークやお皿は、テーブルの縁から2〜3センチ離す。親指の第一関節の長さを目安に

動画でくわしく

個々の席のセットアップ

セッティングが済むことをセットアップといいます。一人分のセットが済んだら、セットアップの目印になるように、位置決めに使っていたナプキンを完成させるか、パン皿を裏返しから表に戻します。ネームプレートやメニューなどのセットが必要な場合は、そのセットも済んでから、ナプキンの組み立て、パン皿のオープンを行います。

右手で使われることを前提に、柄は右側にセットする。日本ではフォークの腹を上に向けるイギリス式が一般的

バターの代わりにオリーブオイルを提供する店ではバタースプレッターはセッティング不要

2. シルバー

まず必要な人数分を用意し、それぞれ目安となる場所に振り分けてからひとつひとつをセットしていく方法と、内側・手前から順番にひとつずつナイフ、フォーク、スプーンなどをセットをしていく方法がある。飾り皿の大きさは 12 インチ（約 30 センチ）なので、肩幅で両手を前に出した幅を目安にスペースをとり、右側にナイフ、左側にフォーク、奥にはデザート、コーヒー用のシルバーをセット。

円形のテーブルであっても、ナイフとフォークは平行になるようにセットする

4. 皿

シルバー、グラスがセットできたら、パン皿をセットする。位置決めにパン皿を使っている場合には 4 の位置に移す。

3. グラス

ナイフの上のほうにセット。前日からセットする場合は、ホコリが入らないように伏せておき、開店直前やお客様が来店するタイミングでグラスをオープンする。グラスに店のマークなどがある場合は、マークが手前に来るように。

卓上花

テーブルの中央に置き、上席から一番綺麗に見えるように飾りつける。３人掛けのときは、空いた席のところにセットする

カスターセット

上位席から見て右手に塩、左手にコショウを置くのが一般的。爪楊枝は、トレイに入っている場合なら手前に、筒に入っているときはコショウの右に置く。爪楊枝は、食後にお持ちすることも

いすのセット

いすはテーブルクロスに軽く付く位置にセットしていく。横から見たときに、規律正しく整列するように意識して

テーブルのセットアップ

個々の席のセットアップができたら、テーブル全体のセットアップをします。共用の備品等をセットするとともに、テーブル全体を見渡してズレや不備がないかを再度チェック。指示係、整える係を分担するときれいにできます。

そのほかの様式の一般的なテーブルセッティング

【和 食】

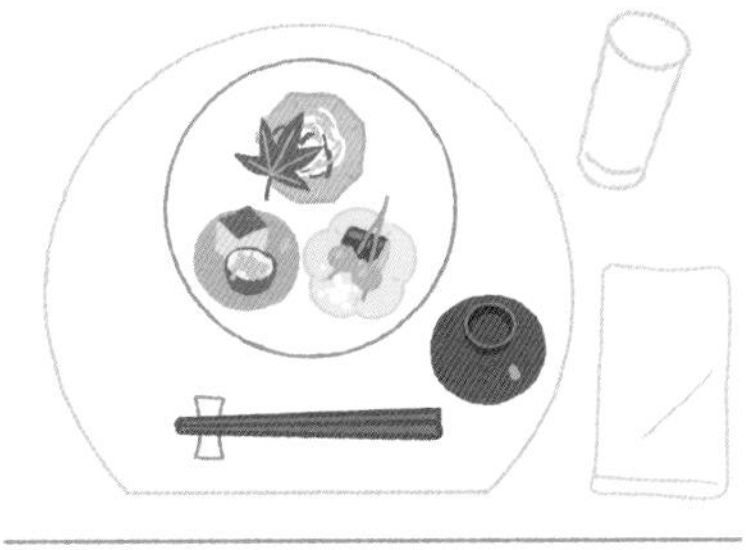

- テーブルクロスを敷かない場合は御膳をセットするのが一般的
- 日本酒用のお猪口などはお膳の中に伏せて置く。グラスも含め、飲み物類は右側に置く
- グラスはお膳の外に置き、食後にお膳を下げるときもグラスだけは下げずにテーブルに置く

【中 華】

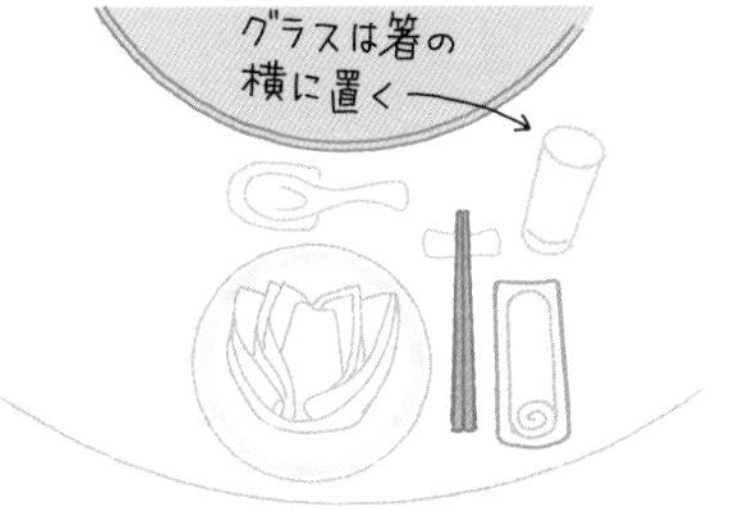

- 箸は中国では縦にセットするが、日本では、縦・横両方のパターンがある。ちりれんげも同様。ちりれんげを縦にセットする場合は、箸の外側に並べて置く
- 回転テーブルを回すことを前提に、テーブル上に載せる料理や、付近に置く器類がぶつからないように注意

【カウンター】

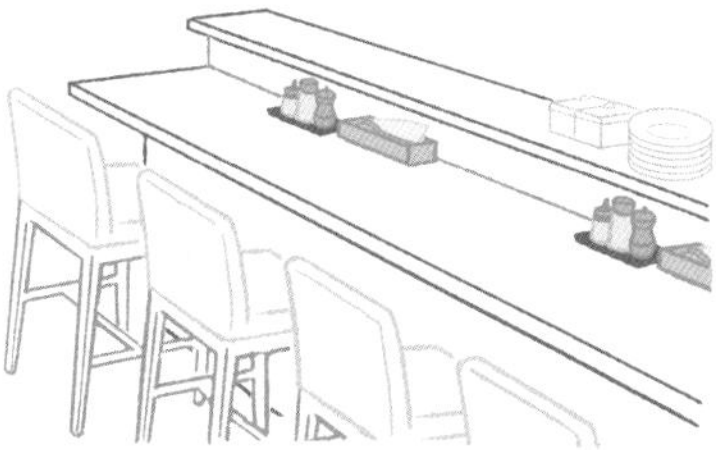

- 共用の調味料、カトラリー類は２～３人にひとつの間隔でセット。すべての席が埋まったものと想定して、それぞれの位置から無理なく手が届くかを確認
- 狭いスペースでは、整いすぎた備品はかえって邪魔になることも

【ビュッフェ】

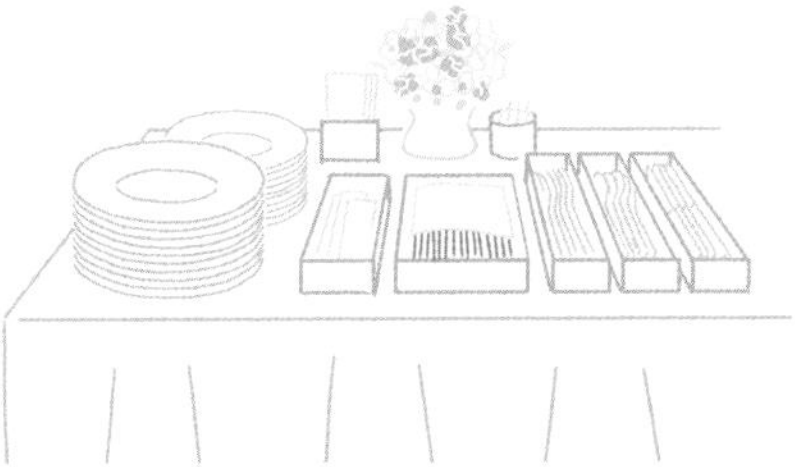

- お客様のテーブルには、ナプキンなど必要最低限のもののみセットする
- 料理台（元卓）には、プラッターの盛られた料理だけでなく、取り分け用のサーバーやトング、取り皿、シルバー、お箸などもセットしておく
- ドリンクは専用のコーナーから提供することが多い

すべて自然体こそ最高である

朝食のサービスなら、
明るく元気よく「いらっしゃいませ」
ディナータイムなら、
落ち着いた雰囲気を出しながら、
丁寧に大声にならないよう「いらっしゃいませ」
その場にマッチしたサービスこそ最高である。
元気のよい居酒屋、
落ち着いたムードを楽しむバー。
お客様は、その時々に応じた店に足を運ぶ。
牛丼屋には、まず速さが求められる。
深々と下げすぎたお辞儀、
丁寧すぎる敬語、
マニュアル通りの対応…

場所、場所にふさわしいサービスがあり、場にそぐわない不自然な対応はお客様に違和感を与える。最高のサービスを追求しすぎて、過ぎたるは猶及ばざるが如しにならないように。

おなじスタッフの中でも一人だけ化粧が濃い、一人だけ頭が茶髪、一人だけ美脚をさらしている…。スタッフどうしでも違和感を覚えることは、お客様に対して店全体の違和感を与えてしまう元になる。

調和を重んじることは、違和感を払拭し、自然な雰囲気を演出することにもつながる。

5

トラブル対処の基本

苦情処理の4大原則

基本の4大原則

1.
お客様からの苦情内容をきちんと最後まで聞く

2.
事態を把握して、誠実に謝罪する

3.
速やかに責任者にも報告し、適切な対応を行う

4.
お帰りの際には、もう一度お詫びとお礼をする

基本の心構えを知る!

クレーム対応は感謝の気持ちで

クレームは、店にとってありがたい指摘です。なにも言ってもらえなければ、お客様の中で「二度と行かない店」と記憶されて次回来店は望めないでしょう。お客様からの指摘によって、次回来店、さらにはリピート顧客獲得のチャンスを頂けるのです。粗相してしまったお客様ほど、後々のよい顧客になるというケースは少なくありません。そして、改善点への気づきは店の成長にもつながります。

トラブルが生じてしまったときは、その場しのぎではなく、「次こそは最高のサービスをさせて頂く」ということを念頭において対応しましょう。

毅然とした態度で安心を提供する

飲食店ではお客様に快適な空間を提供することが重要です。しかし、なにからなにまでお客様が優位ということではありません。営業を妨害されるような場合には、きちんとした対応をとることが、他のお客様のために必要となります。

いつも見て見ぬ振りをして他のお客様の迷惑を考慮しないような対応よりも、店にはある一定のマナーがあるということを意識して対応することが、安心して食事のできるよい店をつくります。

サービスの対価≠お詫びの費用

クレームの解決とは、お客様に与えてしまった不快感を取り除くことです。そのことに向き合わずに、支払いを割り引くことで済ませては、解決とはいえません。まずはその場の対処と合わせて、信頼回復のための努力を怠らないことです。また、「提供する対価としていただく料金」と「賠償するための費用」とは性質の異なるものであるという考えも身につけましょう。

5

トラブル対処の基本

苦情処理の手順

1 心からお詫びします

2 お客様の言い分をよく聞きます

3 責任者に報告し、積極的な姿勢で迅速に対応します

4 お客様との話し合いのなかで、責任を明確にします

5 改善策を提案し、納得していただきます

6 常に組織の立場で対応し、個人的な感情を入れないようにします

7 苦情を記録に残します

8 予防と組織の信頼回復を図り、顧客化に努力します

謝罪時にはまず、誠意を示すこと

謝罪の第一声は、お客様の失望に対して

お客様からの苦情には、思いがけないものもあります。無意識に招いてしまった過失や、場合によっては、お客様の勘違いということも。しかし、訴えてこられるということは、お客様がいま、失望している状況にあるということです。

　こちらのミスでなくても、お客様にそのような感情を抱かせてしまったことに対して、素直に頭を下げる姿勢を常にもつようにしましょう。

NG!
えーと…たしか
こういう時は…
誠に申し訳
ございませんでした
バカにしてるのか!?
ボーヨミ

怒りのポイントを見極める

　相手の納得を得るためには、「心情を理解する」ことが欠かせません。こちらの粗相を指摘しているようでも、実はその後の対応の悪さに腹を立てているのかもしれません。また、その謝罪態度が怒りを増長させてしまっている可能性もあります。

　お客様の話をしっかり聞き、相手の立場に立って、どこに不手際があったのかをしっかり見極めましょう。

はい、
申し訳
ございません

謝罪の気持ちを伝えるスキル

　心のなかは謝罪の気持ちでいっぱいであっても、それが相手に伝わらなければ話はこじれてしまう一方です。

　お客様の苦情を承る際には、相手の心情を理解しようと努めている姿勢が伝わることも重要です。

NG!
チラ
チラ
あ、
芸能人
が来てる!
おーい
水はまだか?

気持ちを伝えるポイント

- 話は目を見て聞く
- ほかの作業を気にかけない
- 相づちを打つ
- 相手とおなじ目線になるように腰を曲げたり屈んで低姿勢になって話を聞く

ミスや手違いがあったとき①

予約ミスがあった！

手違いを正直に謝罪

「誠に申し訳ございません。こちらの手違いでお席をご用意できておりませんでした。あいにく、ただ今満席でございますので、少々お待ちいただけますでしょうか」と、手落ちがあって席の用意ができていないことを正直に告げて、誠実に謝罪します。

準備できしだい席へ

席の準備ができるまで、しばらく待って頂くようにお願いします。待合やバー等の席が用意できる場合であれば、そちらへ案内し、準備ができしだいお声かけをするようにします。

できるかぎりのサービスを

可能であれば、待合で待って頂いている間、何か飲み物をサービスすることも有効です。その分の代金は頂いてはいけません。

お客様にはできるだけ快適にお待ち頂けるように努めましょう。

見送りの際にも謝罪を

「本日は、せっかくご予約をいただきましたのに、こちらの手違いで大変申し訳ございませんでした。これに懲りず、どうぞまたご来店下さい」と、次回もまた来店して頂けるように、割引券等を渡すことも。

注文を間違えた！

まずは伝票を確認

そのうえでお客様の勘違いであったとしても注文を聞き直して、その料理をサービスするようにします。

時間がかかる料理の場合は、「○○分ほど、お時間を頂戴してよろしいでしょうか」と確認したうえで、至急キッチンに伝え、優先的に調理をしてもらいます。

謝罪して作り直しを

「誠に申し訳ございませんでした。恐れ入りますが、ご注文の品をもう一度おうかがいさせていただいてよろしいでしょうか。すぐにお取替えさせて頂きますので少々お待ち下さい」と言って、正しいメニューを持ってくることを伝えます。

！ 気をつけよう！

ミスのあとこそ、平常心で

サービス経験が浅い場合や、失敗の後は、お客様から声をかけられただけで動揺してしまいがち。お客様と接することを恐れず、まずは落ち着いて話を聞きましょう。焦ったままでは冷静な判断も適切な対応もできません。

ミスや手違いがあったとき②

料理があがってこない！

料理の進行が同席のお客様と著しくずれてしまうので、飲み物をサービスするなどして、お客様の感情を和らげるように努めます

原因を突き止める

キッチンに間違いなくオーダーが通っているか、なぜ遅れているかを確認します。また、お客様が督促されていることをキッチンスタッフに伝え、急いでもらいます。

お客様には「ただ今、ご用意をしておりますので、もう少々お待ち下さい」と丁重に謝りましょう。

オーダーが通っていなかった！

下手にごまかそうとせず、正直に伝えて謝罪します。「大変申し訳ございませんでした。こちらの手違いでお料理がキッチンに通っておりませんでした。ただ今、至急ご用意致しますので、もうしばらくお待ち頂けますか」。

「もういい！」と言われてしまった

まずは出来上がりまでどれくらい時間がかかるか伝えましょう。お客様がすぐに帰られるようであれば、料理途中であっても受け入れ、お詫びをします。まだ食事中で店にいらっしゃるようであれば、代金は頂かずにお詫びの意味を込めてキャンセルになった料理を提供するのもよいのでは。

いずれの場合も、迷惑をかけたことを丁寧にお詫びします。

「あとどれくらいかかるの?」と聞かれた

具体的な時間を伝えましょう。ただし、少し大めに見積もり、それ以上お客様を待たせることのないようにします。日ごろから気に留め、状況からの判断ができるようにしておくとスムーズです。どうしてもわからない場合はキッチンに聞いて伝えます。

突然の混雑などでお客様の待ち時間があまりに長くなってしまう場合は、キッチンに「○卓のお客様の料理を先にお願いできますか」などと伝え、優先順位を考慮してもらうことも大切です。その際、その旨もお客様に伝えるとよいでしょう。

サービス時には改めて謝罪を

「大変、長らくお待たせして、失礼を致しました」と謝罪をしてからサービスします。

何事もなかったかのようにサービスすることのないようにしましょう。

会計時にも忘れずに

「本日は、お料理をお出しするのが遅くなり、誠に申し訳ございませんでした。今後はこのようなことがないように致しますので、どうぞまたご来店ください」などと声をかけ、最後までしっかり見送ります。

ミスや手違いがあったとき③

料理や飲み物をこぼした！

後始末のしかた

急いでおしぼりと乾いたタオルか布をお持ちします。基本的には、お客様ご自身に拭いてもらいます。スタッフが適当に拭いてしまうと、かえって染みを広げたり、色落ちの原因を作ったりすることにもなるからです。

テーブルクロスやナプキンも汚れた場合

新しいナプキンを数枚お持ちして、テーブルの汚れが以後、服に付かないようにします。食器類も汚れている場合は、新しいものに取り替えるようにしましょう。

スタッフがこぼした場合

「大変、失礼致しました。すぐにおしぼりをお持ち致しますので、少々お待ち下さい」と必ず即座に謝罪をします。本人だけでなく、周りのお客様にも謝罪します。周囲のスタッフが事故を確認した場合は、そのスタッフも対応に協力し、すぐにホール責任者（支配人／マネージャー）に報告をします。

お客様自身が粗相に気づかれていない場合やお客様が「これくらい大丈夫だ」と言われても、絶対に自己判断でその場を収めないようにします。あとになってお客様から粗相の連絡があると対応が遅れるだけでなく、店の信用を失うことになります。

小さな粗相が大きな問題になるので、必ず上司に報告し指示のもとで行動をするようにします。

女性のお客様の服を男性スタッフが拭くことには注意

服をクリーニングする場合

お客様にクリーニングに出していただき、かかった代金を後日請求してもらうようお伝えします。レシートや領収書などをお持ちいただくか、送付していただき、確認します。近ければ、うかがってお支払いし、重ねてお詫びします。

その場で現金を渡して済ませるのは、その後のフォローの機会を逃してしまう行為でもあります。経理上の処理にも問題が生じるので避けましょう。

その後の対応

飲み物や料理など、食べている途中のものは、可能な限り提供しなおします。この場合は、料金を頂かない場合もあります。

着て帰りたいんですけど…。

クリーニング代

請求があったら、粗菓と代金を持って訪問をするなどのフォローをすると丁寧な印象になります

キャッ

お客様が自分でこぼされた場合

「大丈夫ですか。ただ今おしぼりをお持ちします」などと声をかけ、すぐにおしぼりや乾いたタオル、布などを持っていきます。替わりの品は基本的には出す必要はありません。

お客様が他のお客様の服を汚してしまった場合

急いでおしぼりと乾いたタオルか布をお持ちし、スタッフは仲介役になってトラブルを処理しましょう。すぐに対応できるクリーニング店があれば、確認をして案内するようにしましょう。お客様同士のことと放っておかず、店の問題として捉えることが大切です。

ミスや手違いがあったとき④

料理に髪の毛、虫が入っていた！

オーガニックは
虫も大好き！

謝罪の言葉

「誠に申し訳ございませんでした。すぐに新しいものをお持ち致しますので、少々お待ち下さい」とお客様に丁重にお詫びを申し上げ、自分の目で、その異物を確認します。

料理を作り直す

すぐに作り直すことをお客様に伝えます。その料理を下げてキッチンスタッフへ伝え、新しいものを最優先で用意してもらいます。ドリンクをサービスするなどしてお待ち頂きましょう。異物を取り除いただけの同じ皿を再度出すということは絶対に避けましょう。店の信用に関わる問題になります。

会計時にも重ねて謝罪を

会計のときにももう一度謝罪をし、状況によっては、代金を頂かない、割引を行う、手土産や割引券をプレゼントするなどの対応をします。

お見送りの際にも、最後にもう一度謝罪することを忘れずに。

異物混入を未然に防ぐには

キッチン、フロアともに、異物が入らないような衛生管理、環境づくりが重要。

〈混入しやすいもの〉
- 髪の毛・虫・ラップの切れ端・ガラス片など

〈未然に防ぐ対応策〉
- クリップ、ホッチキスで束ねた書類を持ち込まない
- シャープペンは使用しない（芯が折れる）
- ボールペンはキャップつきを避け、回転式に、なければノック式を
- 金属たわしは使わない
- パッケージなどのゴミは、発生したらすぐにゴミ箱に捨てる
- 制服等に着替える前に、ブラッシングして髪の毛を落としておく
- 野菜などは、ダンボール箱のなかに虫が潜んでいることがあるため、キッチンに運び込む前に別の容器に移す
- キッチン内で食器類の破損があった場合には、洗い上がった皿の上や、食材などに飛び散っていないかを確認する

食器を破損してしまった！

お客様の安全を第一に

まずはご迷惑をおかけしたお客様に丁寧にお詫びします。お客様にケガがないか気を配り、触らないように促します。驚かせてしまった周りのお客様方にも、「失礼致しました」とお詫びします。

大きな破片は手袋をして拾い、小さな破片はほうきとちりとりを使って片づけます。焦って破片に触れ、手を切らないよう気をつけましょう。破片が思わぬところに飛び散っている可能性があるため、可能な限り広範囲まで点検を。クロスの交換、料理の取替え、席の移動など、「万が一」に備えて指示に従ってもらうよう努めます。

破片は口を切るなど、大問題になる可能性があるので、安易に考えず、最大限できる対処を。

処理後は、懐中電灯で照らすと、反射により破片の有無を確認しやすくなります

お客様が食器や備品を壊してしまった

弁償してもらうべき？

お客様に提供している器などは、割れてもその請求をしないのが一般的。弁償してもらうのは、明らかに故意である場合や、営業自体に不利益が発生するような高額な備品に破損が生じたときと考えましょう。高価な備品には保険をかけているケースもあります。壁や戸棚などにある調度品など、お客様へのサービスに使うもの以外のものの破損は話し合いが必要な場合もあります。

5

トラブル対処の基本

注文や料理についての対応①

メニューにないものを注文された!

まずは用意ができるか確認

「ただいま確認してまいりますので、少々お待ちください」と言って、キッチンとフロアーマネージャーに確認します。そのうえで「あいにくこちらはご用意させて頂くことができません。誠に申し訳ございません。しかしこちらのものでしたらご用意させて頂くことができますが、いかがでしょうか」という提案をしてみます。頭から断ることは避け、どうしても無理な場合は代わりのものをすすめるなど、素っ気ない対応にならないように心掛けましょう。

それは受け付けてないので…
○番テーブルのお客さまですが…
ドリア
グラタン

「特定の食材を抜いて」と言われた!

できるだけの対応を

食材を抜くのは基本的には可能なはず。増やして、と言われた場合はキッチンとフロアマネージャーに確認して、可能な限り対応しましょう。アレルギーなどで特定の食材を食べられないお客様もいます。オーダーテイクの際に、このような確認が一言あると、とても丁寧な印象になります。

このトムヤムパスタってパクチー抜きにできますか?
ニガテなんです
はい、パクチー抜きでもお作りいたします。

「おまかせで」と言われた！

予算を確認する

「ありがとうございます。ではご予算はおいくらほどでご用意させて頂けばよろしいでしょうか」と、まず予算の目安をうかがいます。

予算を聞いたら、苦手な食材がないかを確認したうえで、おすすめコースをすすめます。「では本日は、新鮮な○○を仕入れておりますので、その食材を使った○○がございますが、そちらでよろしいでしょうか」または「当店で一番人気の○○のコースがございますが、そちらでよろしいでしょうか」などと聞いてみましょう。

本日の
おすすめは
こちらで
ございます

「注文を変えてほしい」と言われた！

ご注文は
帆立のバター焼き、
牛すじ大根、
以上でよろしい
でしょうか？
はい

オーダー時の確認はしっかり

調理の進行状況をみて、可能な限り対応しましょう。ほぼ完成している場合は、お客様に説明し、「申し訳ありません」とお詫びを伝えたうえで理解をして頂きます。お客様に注文内容を再確認して頂くためにも、オーダーテイク時にはオーダーを必ず復唱するようにしましょう。

注文や料理についての対応②

できあがりを見て、「思っていたのと違った」と言われた！

料理説明をしっかりと

まずは意に沿わなかったことに対して、「申し訳ございません」と謝罪をしたうえで、食材や調理法がメニュー名になっている場合は、料理の内容を説明します。それでも納得頂けない場合は、責任者と相談して交換するようにして。サンプルやイメージ写真があるメニューの場合は、イメージが異ならないための配慮を。

料理の写真などが載っていないメニュー表を提供する店では、その分、オーダーテーキングの際に料理説明をしっかりするようにしましょう。

料理の味付けに文句を言われた！

調理中のとき

あとに続くオーダーの調理途中であれば、「誠に申し訳ございませんでした。味付けがお気に召されないようでございましたら、お料理を作り直しさせて頂きますが、いかが致しましょう」とできる限り対応します。

食事中のとき

お料理の召し上がり具合や他のお客様との食事の進行具合で、作り直すのがよい場合と、「今後の参考にさせていただきます」と謝罪する場合があります。

基本的には、できる限りお客様の意向に沿うように対応します。

作り直すときの言葉

「かしこまりました。すぐにお取替えさせていただきますので、少々お待ち頂けますでしょうか」

謝罪だけのときの言葉

「大変申し訳ございませんでした。今後の参考にさせていただき、次回ご来店の際には、満足いただけるように努めさせていただきます」

苦情に対して放っておかず、対応していくという姿勢を見せることが重要

「おいしくなかったから、お金は払わない」と言われた!

謝罪とサービスは別のもの!

料理がおいしくなかったことに対してはきちんと誠意を持って謝罪し、今後の社内での検討課題にあげて品質向上を目指す旨を伝え、アドバイスを頂いたお礼をきちんと申し上げます。

しかし、対価はきちんと支払ってもらう必要があります。サービスや料理への対価としての料金は請求する権利があり、クレームの対処のために料金を受け取らないというのは、仕事を放棄していると見られても仕方のない発想です。それでも納得されないお客様は、後々の顧客に迎え入れるべき客かどうかも判断して考えるべきです。また、故意の無銭飲食の可能性も。ときには警察に通報することも必要です。その場だけのことで考えれば、割引や無料サービスもありうるかもしれませんが、後々の顧客となることを考えるとそれは最低の対処法になります。

払いたくないね!

ピンチはチャンスと前向に受けとめて!
感謝の姿勢で、対応しよう

クレームへの対応はスマートに

お客様からのクレームへは、感謝の姿勢で臨むことを忘れないようにしましょう。頂いた指摘は、今後の改善点として留意します。二度とおなじ問題が発生しないように自社努力をし、品質向上、サービス向上に向けて勉強の機会にしましょう。
また、もう一度そのお客様に来て頂ければ、名誉挽回のチャンスを頂くことにもなります。

お客様への来店時の対応

周囲が困る客が来た！

本日はご予約をいただいておりましたでしょうか…
誠に申し訳ありませんが——

はっきりと断る

ご予約を頂いているかどうかを確認し、現在は予約でいっぱいで、空き席のご用意ができないということでお断りします。曖昧な返事より、はっきりと断ることが大切です。

「本日は、ご予約を頂いておりましたでしょうか。誠に申し訳ございませんが、本日は、すでにご予約を頂いているお客様で満席になっておりますので、せっかくお越し頂きましたが、お席のご用意ができません。誠に申し訳ございません」

ペット連れで入店した！

この子と私の2名です。

基本はNG

基本的には、食品衛生上の安全が確保できないためと他のお客様への配慮からお断りします。

「誠に申し訳ございませんが、当店ではペットの持込みはご遠慮頂いております」とはっきりお断りするようにします（補助犬についてはP99参照）。

小さなお子様の来店をお断りする

恐れ入りますが……

店としての決まりは優先してOK

お酒を楽しむ店や、雰囲気を楽しむ高級店などでは、入店年齢に規制を設けている場合もあります。規定年齢に満たない子連れのお客様には、お子様の年齢を確認のうえ、入店時にはっきりとお断りをします。お断りする場合には、空席が目立っている状況でも、「お子様連れに対応する準備ができていない」ため、お受けできない旨を伝えます。

「恐れ入りますが、当店では未就学児の入店をお断りしております……」

赤ちゃんが泣き出した！

NG!
困ったわ……。
もう少し静かにしていただけませんか？
ギャ〜ッ

声のかけ方

「他のお客様に迷惑なるので何とかしてもらいたい」というような言動は避けます。保護者の方が焦って子供を叱り付けたり、困り果てたりする結果になって、よい対処とは言えません。まずスタッフが笑顔で話しかけて、お客様の不安を取り除くことに努めます。

ご要望があるようであれば積極的に伺い、できる限り対応するようにしましょう。

子どもが騒がしい！

騒がず過ごすための工夫を

他のお客様が気にされるほどであれば、スタッフ間で確認をとって、手の空いている人が相手をするようにしましょう。スタッフで相手ができないときは、保護者に対応をお願いします。ファミリーレストランなど、子どもが多く来店する店でも、目にあまるようであれば、同様に対処しましょう。

子どもはいつもと違う環境には興奮しがち、保護者も会話に夢中になって子どもが騒いでいることに気がついていない場合もあります。店内にいらっしゃるすべてのお客様が心地よく食事できるよう、双方に気を配った対応を心がけましょう。

お子様の相手をするときは

- 保護者の目の届くところで
- 音の出るおもちゃや大声を出すことは避ける
- お絵描きセットなどがあると◎
- オーダーにドリンクがあれば、先に出すようにすると、飽きずに待てて◎

5

トラブル対処の基本

混雑時の対応

スタッフ間で連携して対応を

話が長いお客様に捕まっているスタッフがいたら、他のスタッフが「電話がかかってきた」「店長が呼んでいる」「○番テーブルの料理お願いします」など、用事を言いつけて仕事に戻れるようにします。

自分で対処する場合は、「せっかくお話をして頂いておりますのに申し訳ございません。次のお料理があがってきますので、失礼をさせて頂きます」というようにさりげなく言葉をかけてその場を離れましょう。

話が途切れなくて
他の仕事ができない

今日のお料理、ほんとうにおいしかったわ。うちは主人がワインに目がなくていつも(中略)なのよ。私がフランスに旅行したときに泊まったホテルのレストランは(中略)また行きたいわ。そういえばうちの息子の同級生で…
長い……。
そうですか…
ペラ
ペラ
ペラ

ウェイティング客を不愉快にしない方法

まずは、店が待っているお客様のことを把握することが重要です。ウェイティングのお客様が並んできたら、できるだけこまめに確認しに行くか、スタッフを常駐させるようにし、「お待たせして申し訳ございません」と声をかけましょう。ウェイティングリストに記名していただく店もあります。お客様は、「自分たちが待っていることを認識している」と思うだけで、安心感が得られます。店の状況から、お待ち頂く時間のめやすや先に待っているお客さまの組数をお伝えし、お待ち頂けるか確認することも有効です。時間がなく、お帰りになる場合も、なんのアナウンスもなく帰るより、ずっと好印象になります。

お待たせして申し訳ございません!

長居客が帰らない

まずはやんわり伝える

食事を済まされて、飲み物もなくなり、30分以上……。しかも店の入り口では着席を待っているお客様がいる。

店としては、お客様の気分を害することなく、さりげなく退店をお願いしたいところです。お客様が席を立つ気配がなければ、まずは伝票を席にお持ちし、会計をお願いします。それでもお帰りにならないようであれば、「誠に申し訳ございませんが、混雑して参りまして、次のご予約のお客様もおみえになりますので、そろそろご支度をお願いできませんでしょうか」と伝えましょう。

閉店時間になっても帰らないときは

ラストオーダーをうかがいながら、それとなく閉店時間を案内します。また、料理のラストオーダーとは別に、ドリンクのラストオーダーを伝えるのも効果的です。

「温かいお茶をお持ちしましょうか」と言って温かいお茶を出すと、店側の気持ちをわかってくれるお客様も多いものです。

待ち時間が長いことにご立腹のお客様

食事が終わったお客様がいれば対処も合わせて

待っているお客様には、お待たせしていることを謝ったうえで、先にメニューをお渡しする、待ち時間が長くなるようならドリンクをサービスする、携帯電話へ連絡を入れるようにするなど、状況に応じて可能な対応を心掛けます。

混雑時は、着席した後も料理をお待たせする可能性があることを考慮し、できる限り不快な要素を取り除くことに努めましょう。

5

トラブル対処の基本

お客様に関するトラブル

にぎやかなお客様がいる!

配慮ある席選びを

会話が弾んで時折騒がしくなるお客様が店内にいる場合、他のお客様が気にされているようであれば、すこし会話のトーンを下げて頂けるようお願いします。団体のお客様は、騒がしくなる可能性があるものと判断して、近くにはカップルや少人数の大人だけのお客様は案内しないようにします。

お楽しみのところ
誠に恐れ入りますが…
迷惑だわ…

お客様同士がケンカになった!

責任者が仲裁

店長やマネージャーなど、責任をあずかる立場にある人が対応します。ケンカになるケースは、酔っ払っている人が多いので、さらなるトラブルを生まないよう注意しましょう。

まずは、いったん冷静になって気を落ち着かせて頂けるようにお願いし、仲裁に入ります。それでも収まりがつかないようであれば、「これ以上店内で口論されるのであれば、ほかのゲストへも迷惑になりますので、警察に通報させて頂きます」と伝え、様子をみて判断・対応にあたります。

申し訳
ございませんが…

異性にしつこく言い寄るお客様がいる！

スタッフから伝える

嫌がっている様子であれば、声をかけているお客様にスタッフがはっきりと遠慮頂くよう伝えましょう。「他のお客さまがおられますので、申し訳ございませんが、店内ではご遠慮お願いできますでしょうか？」

店内での写真撮影やSNSへの投稿

写真撮影は原則、お客様の自由

お客様が注文した料理を写真撮影する、ＳＮＳにアップするなどは、原則として店が可否を唱えることではありません。

ただし、撮影した写真のなかに許諾を得ていない他のお客様が映り込むなどすると、その投稿は肖像権を犯していることになり、問題です。

お客様の行動が目に余ると感じられるときはマネージャーなど責任者に判断を仰ぎましょう。

スタッフへのセクハラ

携帯電話の番号をしつこく聞かれた

失礼のない言い方で「申し訳ございません、勤務中ですし、個人的なことは教えられません」とお断りしましょう。そして、すぐにそのようなお客様がいる席へのサービスはメンバーを替えます。また場合によっては責任者からお断りをしてもらいます。
スタッフが、お客様と必要以上に親しくなる必要はありません。企業秘密の漏洩《ろうえい》にもつながる可能性があります。

5

トラブル対処の基本

お帰り・会計時のトラブル

会計時に「財布を忘れた」と言われた

いつなら支払い可能か確認

勤務先やご自宅が近く、すぐに財布を取りに行くことができる場合もあります。後日と言われた場合は、日程を確認します。お名前と連絡先をお聞きし、携帯電話などの場合はその場でかけて間違いがないか確認するようにしましょう。

支払ってもらえない可能性がある場合は警察を呼びます。

警察沙汰の問題が発生したら

他のお客様にも配慮して

店だけでは解決できないトラブルの場合は、解決のため警察に連絡します。店だけで処理をすると、あとで思わぬ問題に発展することもあります。他のお客様には事情をお伝えして丁寧にお詫びをします。食事の途中でも退店頂かなくてはならない場合は、代金を頂かないケースもあります。

「持ち物を紛失した！」と言われた

発見のために最大限の努力を

店側が預かった荷物やコート以外は、紛失があった場合にも、基本的に店は責任を負えません。荷物を預かる際にも、貴重品や壊れやすいものが含まれていないかを確認し、それらについては自己管理をして頂くようにします。

紛失をうかがった際には、その物の色、形、中身などの特徴をしっかりと聞き、店内の考えられる箇所を探します。見つからない場合には発見時の連絡先を伺い、スタッフ全員で情報を共有して対処します。

見つからない場合も2、3日経ったところでお客様へ状況を報告し、探していることを伝え、お客様のほうでも見つけたら連絡を頂けるようお願いしましょう。しばらくしたら、最後にもう一度連絡を入れると、丁寧な印象に。

バッグが無いわ!!

忘れ物を見つけた！

退席時のチェックを忘れずに

退店後に見つけた場合は、場所や状況から、予約客など、お客様の特定ができるかどうか確認します。特定しにくい状況であれば、拾得したときの状況を、店の共有ノートなどにできるだけ詳細に記録しておきます。

持ち主から連絡等が入った場合は、来店時まで汚れや傷がつかないよう留意して保管しておきますが、所有者が不明な場合は、遺失物法*に従って1週間以内に最寄りの警察に届けることが義務づけれています。長期間引き取りがないからと、店で勝手に処分することは避けましょう。

すぐにこちらが気付いていれば お渡し出来ましたのに。
申し訳ございません
こちらでお間違いないですか？
ああ、見つかって良かった！
ホッ

＊特例施設占有者の場合は異なる

〈記録しておくこと〉

- だれが
- いつ
- どこで
- どのような状況か

5

トラブル対処の基本

お客様の体調不良①

症状に応じた対応を

どんな具合かを確認し、お客様がどうしたいのかを聞きましょう。横になりたい場合は、可能なら別室や目立たないスペースを用意して。緊急と判断した場合は、救急車を呼びます。

帰宅したお客様から体調不良の連絡があったら

食事をしたときの時間やメニュー、症状、連絡先を聞きます。食中毒かどうかの判断は非常にデリケートな問題です。そのお客様だけに起こった体調不良なのか、他のお客様にも発生している問題なのか、露骨な話はせずに、それとなく確認をしながら、最大限の対処を時間を空けずに行います。食中毒発生の特徴も説明しておきましょう。

店では、実際に使った商品の賞味期限や衛生管理が適切に保たれていたかをすぐに確認します。食中毒であれば、複数人出てきます。お客様には、後日また連絡を入れ、状況を確認しましょう。

体調不良のお客様がいる！

どうかされましたか？
イタタ…
お腹が急に…
横になられますか？

誤解を解くには

体調不良を訴えるお客様は、店に疑いをもち、ご立腹の場合もあります。不用意な発言は、そのつもりがなくても、責任転嫁と取られ、ますます怒りをかってしまうことにもなりかねません。焦らず、責任の所在を考えるより先にお客様の体調を気遣う余裕をもちましょう。納得されない場合は、食材の詳しい貯蔵状態や調理法など、具体的な事柄を取り上げ、ゆっくりと時間をかけて説明すると、解決に近づきます。

エッ!?
私が悪いっていうの？
NG!
カチーン!!
きっぱり
お客様の他に体調不良の方はいらっしゃいません！

やけどをしてしまった！

とにかく冷やす

やけどの応急処置は、とにかく冷やすことです。

服の上から熱湯などをかぶってしまった場合には、服の上から流水などで冷やし、素肌の場合は患部をラップで巻いて冷やします。流水の刺激で患部の皮が剥がれてしまうことがないように配慮しましょう。

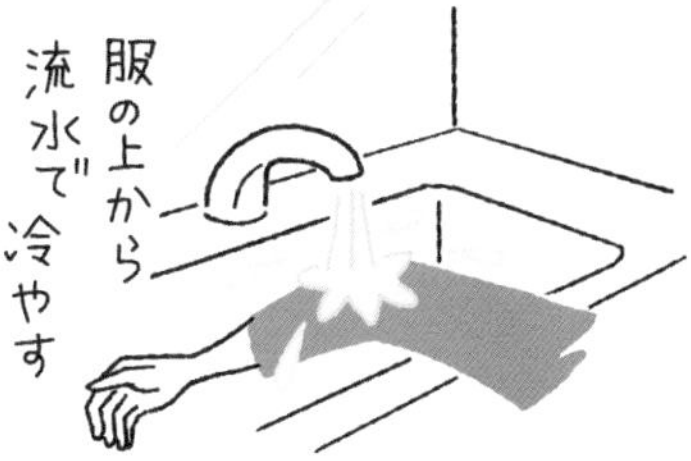
服の上から
流水で冷やす

差し支えなければ
明日お見舞いに
伺わせて
いただきたい
のですが

アフターフォローも大切に

お客様が店内の飲食によって体調不良を起こしたと思われる場合、また怪我をした場合には、通院に同行する、後日お見舞いに伺う等、その後のケアを怠らないようにしましょう。通院時には、そのときの状況や、提供した食材等、医師からの質問に答えられるように状況を整理しておきます。

また、店に過失がない場合でも、アフターフォローができれば店の誠意は伝わりやすくなります。

食中毒の被害

たった一つの食材が汚染されていたことによって感染源となり、多くの人に甚大な被害をもたらすのが食中毒です。なかには、重症化したり死亡事故につながるケースもあります。

店が食中毒発生の疑いが発覚した時点での対応を間違えると、さらに被害を拡大させる恐れもあります。また食中毒発生後は、被害者への謝罪や賠償問題、行政からの営業停止の処分などの対応に追われます。場合によっては新聞に載ったり、閉店を余儀なくされるケースもあります。店にとって大きく信頼を失うことにつながるのです。

食中毒は絶対発生させない、食中毒が発生した場合も、予防と拡大防止のための危機管理のマニュアルを作っておくとよいでしょう。

dining bar BEARDSLEY
お詫び
CLOSED
食中毒が
出たんだってー
恐い
ねー

食中毒について

〈食中毒とは？〉

食べ物や飲物を摂取したことによって起こる健康被害をいい、主な原因には「細菌」と「ウイルス」があります。O157 やカンピロバクター、サルモネラ菌、ノロウイルスなどが代表的です。いずれも起きてしまえば、お客様にも店にも甚大な被害をもたらすため、発生させない、感染を広げないための知識が不可欠です。

食中毒の予防三原則

熱湯で消毒
（ヤケドに注意）

1. 菌をつけない《清潔》

食器・器具類は洗浄・消毒・乾燥を十分行う

2. 菌を増やさない《迅速・冷却》

調理後は速やかに食べ、食品は 10℃以下で保存

3. 滅菌する《加熱》

食品は中心部まで十分加熱（75℃で 1 分以上）
調理器具は、熱湯消毒などをして管理

手指の洗浄とアルコール消毒を

多くの細菌やウイルスは、手指を介して付着します。手指に付着した目に見える汚れには、非常にたくさんの菌が潜んでいますから、洗剤などで汚れを落とすことで菌も一緒に洗い流すことできます。一方、汚れていないように見える手指であっても、目に見えない汚れや細菌、ウイルスがたくさんついていることがあります。その手指の汚れを放置しておくと、食中毒菌やウイルスが増殖することにつながります。見た目がきれいだからといって安心せず、目に見えない汚れが付着したままにならないように、食材を扱う人として、必ず常日頃からしっかり手指を洗浄し、アルコールなどの消毒液で消毒する習慣を身につけましょう。そうすることで食中毒の発生やウイルスの感染を予防することができます。

食中毒が発生した場合の店の対応

まず食中毒だと連絡を受けたお客様の来店日時と飲食内容、症状と発病日時、連絡先を聞き、病院への受診の有無を確認します。未受診であれば重篤にならないために、また食中毒だと判断するためにも必ず病院に行くように勧めます。

病院で食中毒と診断されると、保健所に通知され、保健所は食中毒の発生原因の究明と拡大防止のため店へ調査に入ります。その際は、食材の提供や検便、店内の立ち入り検査に協力し、発生原因となった食材や感染経路の解明、改善と今後の再発防止に務めなければいけません。

食中毒になったお客様へは、直接見舞いに行き、謝罪と補償をするなど誠意ある対応が必要です。そのためにも店は、あらかじめ賠償責任保険に加入しておくことです。初期対応を間違えないことがその後の信用につながります。

O157とノロウイルスの特徴と処理のしかた

特に、集団食中毒で話題になりやすいO157とノロウイルスについて、
それぞれの特徴や処理のしかたを確認しておきましょう。

	O157	ノロウイルス
主な汚染食品	加熱不十分な食肉	カキなどの魚介類
有効な殺菌洗浄手段	アルコール洗浄	塩素系漂白剤での洗浄
主な発生時期	夏場	冬場
主な症状	激しい腹痛と血便をともなう下痢。重症化することもある	我慢できない突発的な激しい吐き気、嘔吐が特徴。38度程度の発熱や下痢などの症状が1日～2日続く
潜伏期間	2～9日	1～2日
感染経路	加熱不足の食肉や、それらに接触することで二次汚染した食品からの感染。また、感染者の便から、人から人への経口感染	生食や加熱不足のウイルスに汚染された二枚貝、また、ウイルスに感染した食材を扱った人から。感染者のふん便や嘔吐物からの人から人への経口感染、嘔吐物などの処理後の衣服などから飛散して広がる空気感染
特記事項	潜伏期間が長いので原因食品、汚染源を特定しにくく、他の食中毒菌に比べても感染力が強いので拡散して二次感染を引き起こしやすい	アルコール消毒ではウイルスは死滅しないので、塩素液を使うこと。治癒した後も7～10日間、排便からウイルスが排出されるので、検便でウイルスが検出されなくなるまでは勤務を控えること。二次感染防止のためにも感染者の嘔吐物処理マニュアルを作っておくこと
その他		床やじゅうたんの掃除には使い捨てのマスク、手袋やタオルを使い、塩素系の消毒剤ですみやかに掃除をする。乾燥すると空気に浮遊して広がるので、嘔吐や下痢で汚れた衣服の洗濯は別の物と分けるなどする

お客様の体調不良②

飲食は、アルコール摂取も含め、体調に変化が生じやすい行為です。お客様が倒れる原因としては、一時的に気分が悪くなる失神のような軽度なものから、脳梗塞などの重篤なものまでさまざまです。

このような緊急時には、迅速かつ適切な処置が必要です。

事態が発生したら、まず周辺のスタッフなどに応援を求め、複数人で冷静に対処するようにしましょう。

お客様が倒れた！

大丈夫ですか!?

〈対応のしかた〉

- 同席者がいる場合は、倒れた原因についてきちんと聞き、状況を把握する
- 持病がある場合など、原因になり得ることが特定できる場合は、同席者と相談して救急車を手配し、消防署の指示に従う

何か心あたりはありませんか？
そういえば…
一昨日からめまいがすると言っていました…。

○○ホテルのレストラン○○ですが先程、60代くらいの女性のお客様が倒れられまして…。

- 原因がわからない場合は、意識があるか、呼吸をしているか、脈拍があるか等を確認すると同時に、必要に応じて救急車を手配し、対応を聞く
- 脳卒中などの場合は、動かすことで悪化させることもあり、知識をもった熟練スタッフでなければ、迅速な対応はむずかしい。迷わず救急に連絡をし、指示を仰ぐ

考えられる原因

お客さまが倒れる原因として、

▼**急性アルコール中毒**
▼**貧血**
▼**食物アレルギーによるアナフィラキシー**
▼**脳卒中**

などがあげられます。

食物アレルギーに関しては、原因となる食材が入っていないかお客様ご本人がオーダーの際に確認される場合が多いのですが、すり身になっていたり、溶け込んだりしていて、料理の見た目からは分からないものも多くあります。お客様への返答の際には自己判断せず、キッチンに確認をとってからお答えするようにしましょう。

また、こちらから、「アレルギーや苦手な食材はありませんか？」とひと言問いかけるようにするとよいでしょう。

救急車を呼ぶとき

意識障害や突然の激しい頭痛、けいれん、誤飲など、様子のおかしい場合は119番に通報し消防本部の指示を仰ぎます。緊急時には、冷静な判断がしづらいものです。わかっている状況をメモしておき、救急隊員に伝えましょう。また、対応に当たっている人手に余裕がある場合は、救急車の来そうなところまで案内に出ると、到着が早くなります。

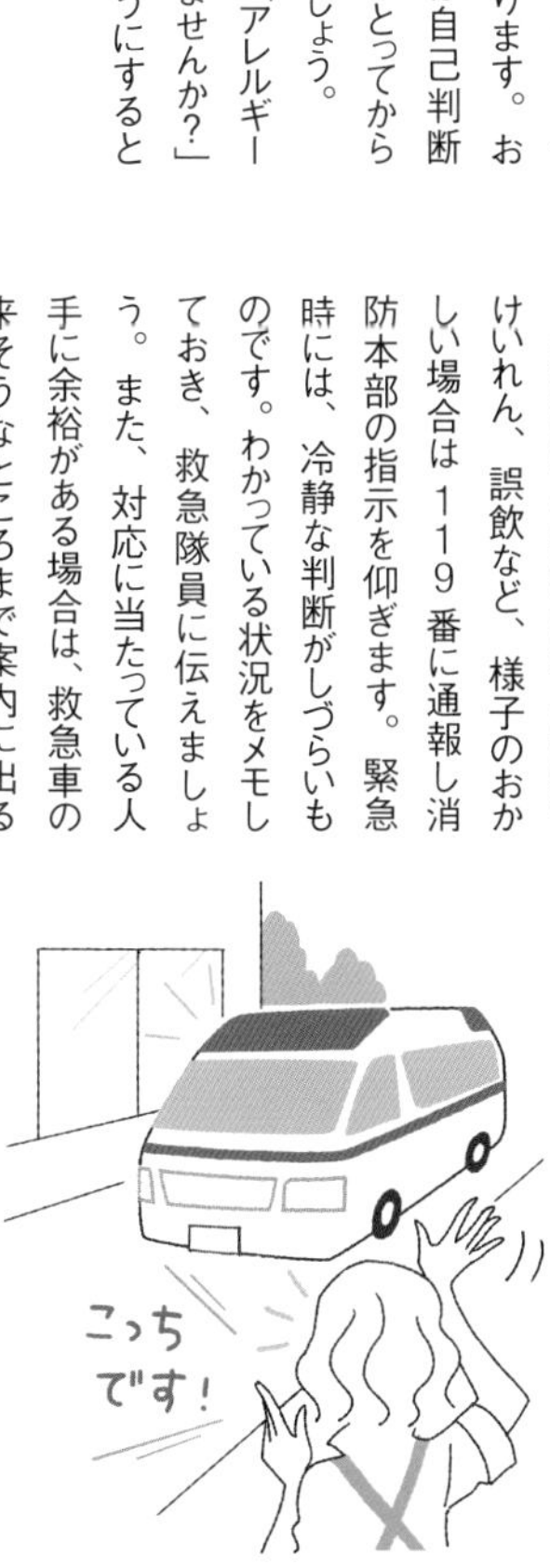

通報の際に聞かれること

- 店の住所
- 意識・呼吸の有無など具合の悪い方の症状
- 具合の悪い方の年齢
- 通報者の氏名・連絡先
（店名、店の電話番号、氏名を伝えましょう）

救急車が来たら伝えること

- 具合が悪くなった状況
- 救急隊が到着するまでの変化
- 行った応急手当の内容
- 具合の悪い方の情報（持病や飲み薬など）

判断に迷ったときの相談窓口

緊急性はなさそうだが、お客様の具合が悪そうな時には、公的な電話相談窓口もあります。

#7119　救急安心センター事業
一部都道府県にて実施
#8000　子ども医療電話相談事業
各都道府県に窓口あり

消防庁から発表されている〈**救急車利用マニュアル**〉などを電話付近に張っておくと、スムーズに対応できます

http://www.fdma.go.jp/html/life/kyuukyuusya_manual/

災害時の対応

予備知識は余裕につながる

対応は冷静に

地震や火事などの災害は、突然襲ってきます。しかし、まずは落ち着いて状況を確認することが大切です。お客様を誘導する必要がある場合にも、スタッフがパニックになってしまっては不安をあおり、よい結果を生みません。いざというときの対応のため、日頃から、必要な知識を備えておきましょう。

確認しておくこと

- **[避難所の場所]** 一時避難場所と広域避難場所の両方の場所
- **[避難経路]** 店から避難する際、安全に通れそうな道はどこか。2通り以上の経路を確認しておく
- 防災センターや本部など、連絡が必要なところ
- 通路に避難の妨げになる荷物が置かれていないか
- 災害時に必要な備品、備蓄の食料の保管場所
- 非常時に持ち出すべき書類・荷物はどれか

火事が起きたら

飲食店での火災発生原因に多いのは、調理中にその場を離れたことによって天ぷら油、食材に引火され起こるケースです。火事を起こさないことが第一ですが、出火してしまった場合には状況に応じて対応します。

火事を起こさないために

- 引火しやすいものはできる限り置かない
- コンセントにほこりが溜まっていないか、清掃時にチェックする
- 火元となりそうな箇所をリストアップ
- 防火管理者を置き、防火体制づくりを行う
- 火災警報機、消火器、避難器具などの定期的な点検を実施する

出火場所を確認 ▶ **すぐに大きな声で周囲の人に知らせる** ▶ 複数人で手分けして行う：**119番へ通報** / **避難経路を確保** / **初期消火できそうなら消火にあたる** ▶ **消火したらガスの元栓を閉める**

POINT!

＊天ぷら油に水をかけると爆発するおそれがある
＊炎の高さが身長以下かどうかを目安にする。それ以上の場合は、消火をあきらめて避難する
＊濡らしたタオルなどで火元を被い、空気を遮断して消火できることも

地震が起きたら

地震の規模により、対応はさまざまに異なります。

- **可能なら、ガスの火を消し、元栓を締める**
- **頭を守るため、テーブルの下や、物が落ちてこない場所にもぐる。バッグなどで頭を覆うのも効果的**
- **ラジオやテレビ、インターネットなどで情報を得る**
- **状況に応じてお客様へ指示**
- **揺れが収まったら、出口確保のため、ドアを開ける**

避難するときは

お客様が効率よく避難できるよう、複数人で対応し、経路の指示、誘導をします。

- **スリッパや靴等、履物をはく**
- **火事の場合は、布等で鼻と口を被うか、ゴミ袋等を頭からかぶり煙を吸い込まない**
- **エレベーターは使わない**
- **火事が広がるのを後らせるため、全員が退出したらドアを閉める**
- **通電火災を防ぐため、ブレーカーをおとす**

非常口
2列になってお進みください
足もとにお気を付けください

緊急時のお客様への指示は大きな声ではっきりと伝えます。押し合ってケガ人が出ることのないよう配慮して。

非常時こそ丁寧な応対を

外出先での災害は、お客様にとって非常に不安なものです。例えば地震の場合、揺れが小さく、その後の影響がなさそうな場合でも、情報を知らせる、ひと声かけるだけでもお客様の不安は減ります。「なにかあったときにも、この店は対応してくれる」と安心して頂けるよう努めましょう。

「万が一」の場合に備えての対策ができているかどうかは、店のお客様に対する意識の度合いを表します。店長や、担当者が不在の場合も、すべてのスタッフが対応できるように日常的な指導・訓練をしておくことが必要です。

お客様
お食事中のところ
失礼します。
只今の地震
ですが…
信頼できる店だな
安心したわ
ホッ
ホッ
ホッ

5

トラブル対処の基本

クレームの対応①

ときには時間を空けて

お客様があまりにご立腹や事案が重大な場合は、時を改め、後日先方にうかがって話をすることも必要です。時間を空けることによって、お客様の態度が変化することもあります。まずは誠心誠意の対応をしたうえで、改めて話し合いをもつことも、冷静に話すコツ。ただし時間を空けることで、ますますご立腹されるケースもあるので、状況を考えて対処することが大切です。

取りつく島もない

お客様を否定しない

たとえお客様側の言い分に間違いがあっても、言い訳をせず話を最後まで聞きます。

まずはお客様がなぜ怒っているのかを理解し、それ以上感情を荒立てないことが最大のポイント。状況と要望を聞き取り、レシートなどの証拠物を参考にしてひとつずつ、お客様の誤解を解いていきましょう。話の内容によっては、店の過失がどれくらいあるのかを考慮し、どこまでの対応が可能かなども検討する必要があります。

お客様の発言を直接否定するような言葉は避け、物腰の柔らかさが伝わりやすい「恐れ入りますが……」などと切り出すと効果的です。

明らかにお客様に間違いがある

「会計が間違っていた」と怒鳴り込まれた！

多く支払わされたみたいなんだけど！
確認させていただきます

まずは確認を

「少々お待ちいただけますでしょうか」と伝票をもう一度確認します。店側のミスであれば、丁寧に謝罪をして赦しを請います。お客様側の勘違いの場合は、伝票で注文品を一品ごとに確認し、お客様の前でもう一度金額の計算をしましょう。同伴者がいる場合は、立ち会っていただくとよいでしょう。

「不愉快な思いさせられたから」となにかを要求されても、割引などのサービスは考える必要はありません。それよりはサービス券などをお渡しし、次回来店を促すように心がけることが大切です。

なぜクレームが起こるのか？

クレームは、お客様に対して期待通りの接客ができなかったことへの不満から起こります。しかし、粗相や対応の悪さがすべてクレームにつながるとは限りません。まず覚えておきたいのは、クレームとは粗相やお客様の期待を裏切ったことに対して、適切な対応をしなかったために起こるものだということです。事実関係はどうであれ、お客様が不快に思われたり、こちらが粗相をしてしまったりしたときには、すぐにお詫びの気持ちを伝えることです。最初に迅速で適切な対応ができていれば、お客様の不快な思いを解消することにもつながりやすくなりますし、時にはお客様から信頼していただけるきっかけになることもあります。このような姿勢は、日頃からスタッフミーティングなどを通じて理解を深めておくことが大切です。

お下げしてよろしいですか？
下げるの早すぎでしょ！
ゆっくりできな〜い（怒）!!
えっ
さっ
さっ
水まで…

5

トラブル対処の基本

クレームの対応②

「店長を出せ！」と言われた

なんで店長出せないの!?
イラッ
NG!
私のミス…私が解決をしなければ
申し訳ありません！

対応は店の規模に応じて

小さな店であれば、トラブルが発生した段階で店長が対応するべき。自分ひとりで解決しようとしたり、かたくなな対応はお客様にさらなる不信感を与え、感情を逆なでします。

ただし、ホテルのような大きな施設のレストランで、トラブルのたびに総支配人を呼び出すのは適切な対処ではありません。このような場合は、まずフロアー責任者が対処し、それでも解決しない場合は、総支配人に内容を報告したうえで対処法を検討します。最高責任者が出るということは、出した回答が最終的な答えになります。お客様とのやりとりから判断し、慎重に対応しましょう。

「お金で弁償しろ」と言われた！

粗相の賠償
≠
サービス・料理の対価
10000
10000
混同しないこと！
申し訳ございませんがお代金は…
弁償してよ！

即答はしない

弁償の対象が衣類の場合は、レシートや領収書を添えてクリーニングや染み抜きの代金を請求してもらいます。

また、トラブルの代償として「お金は払わない」と言われた場合は丁寧にお断りします。サービスや料理の対価として料金を頂くことと、粗相の賠償をすることは別という考え方を忘れてはいけません。度前例をつくると、再発するたびにおなじ対応をするようになりかねません。社内ルールをしっかりと確認しておくことが必要です。

悪意のあるクレーマー

店の方針を遵守する

店に非がないのに、自分の利益のために苦情を訴えてくるケースもあります。このようなクレーマーには、専門の対応係を決める、対応のための講習を行うなど、普段から企業危機管理体制を整えておくことが大切です。的確な対応により、相手が「この店は金にならない」と思えば、早々に退散していきます。

要求には、即答しない、安易な返事をしないようにしましょう。最高責任者が安易に対応することも避けましょう。最高責任者の返答は、最終判断と取られてしまい、修正が難しくなります。「考えます」「結構です」などの曖昧な返事も、相手に都合のいいように取られてしまいます。

「誠意を見せろ」と言われたからといって、お金で解決しようとするのも間違った対応です。つけ込まれる原因になり、お金になると思われれば、要求はどんどんエスカレートしかねません。

自分たちだけでは対応しきれないときは、警察に対応策を相談することも有効です。

トラブルは顧客獲得のチャンス

トラブルが生じてしまったときは、「また来店して頂き、次こそは最高のサービスをさせて頂きます」という考えをもっておくことがとても大切です。粗相をしてご迷惑をおかけしてしまったお客様ほど、後々のよい顧客になるケースは少なくありません。
それは割引をしたり、対価を支払わせないからではなく、その場の対処とあわせて、次回の信頼回復のための努力を怠らなかった結果なのです。

どんなときも毅然と、平常心で。
お客様としっかり向き合うって、
難しいけど楽しい……！

自分がどうサービスしたいかじゃなく、
お客様がどうされたら
うれしいかを考えること―
それがすこしずつわかってきた

先生に教わった基本を
忠実にするようにしたら、
お客様にも気持ちが
伝わり始めた気がする

「流れるようなサービス」には
まだまだだけど、粗相が減ったし、
先輩にも頑張ってるって
褒められた！

巻末まとめ 1

「インバウンド」への対応について

インバウンドとは、観光や飲食業界では、日本を訪れる外国人旅行客のことを指しています。インバウンド観光が盛んになると、国内の飲食店においても経済効果が期待できます。インバウンドへの対応と質の高いサービスを提供することで、お店の収益もアップさせることができます。

1 外国語対応を心がける

外国人観光客は、中国、韓国、台湾、香港をはじめアジア諸国が全体の約70%以上を占めていることから、英語、中国語、韓国語で多くのお客様に対応できます。メニューや接客時に知っておけば、役立つ英語・中国語、韓国語については、P14の「音声の聴き方」から音声動画にアクセスして参考にしてください。

［外国語に対応したメニューの準備］

訪日観光客がスムーズに注文できるようにする工夫しましょう。

- ○メニューに料理や、飲み物の写真を掲載する。
- ○メニューに番号を付ける。
- ○料金を明確に記載する。
- ○支払いについて記載する。
  現金、クレジットカード、QRコード決済など。
- ○原材料表示をする。
  アレルギーの原因になる食材。

  〈特定原材料〉

  えび、かに、くるみ、小麦、そば、卵、乳、落花生
  〈特定原材料に準ずるもの〉

  アーモンド、あわび、いか、いくら、オレンジ、カシューナッツ、キウイフルーツ、牛肉、ごま、

さけ、さば、大豆、鶏肉、バナナ、豚肉、まつたけ、もも、やまいも、りんご、ゼラチン。
※宗教上の食材については、P103参照。
○簡単な味の説明を加える。

2 インターネット環境を整備する

①多言語に対応したWebサイトやSNSで、店舗の情報を発信する。
②簡単に予約ができる多言語対応のWEBシステムを活用する。
③店内で無料Wi-Fiが使える環境を整備する。
④クレジットカードやモバイル決済が利用できるようにする。
⑤看板に外国語の案内を記載して、お店に入りやすくする。
⑥外国人が多く利用する口コミサイト（トリップアドバイザーなど）に感想を書いてもらう。

電子マネー

支払い方法の違いによる分類

	電子マネー	クレジットカード
支払い方式	○プリペイド（前払い）型 ○ポストペイ（後払い）型 ○デビット（即時払い）型	基本的に後払い
利用限度額	○チャージできる金額までしか利用できない	○利用限度額の範囲内であれば決済金額に制限はない
サインや暗証番号	なし	あり

発行元の種類による分類

種類	特徴	決済サービス
交通系	○交通会社が発行 ○日常的に使いやすい	Suica、PASMO など
流通系	○流通系の会社が発行 ○買い物に便利でポイントが貯まる	WAON、nanaco、楽天Edy など
クレジットカード系	○クレジットカード、デビットカードなどで決済 ○クレジットカードのポイントが貯まる	iD、QUICPay など
QRコード系	○QRコードを提示、または読み取りでの支払い ○ポイントの高還元や、個人間送金サービスも	PayPay、楽天ペイ、LINE Pay、d払い など

＊上記の表の情報は、変わることがあります。

巻末まとめ 2

「感染症」への対応について

新型コロナウイルス感染症の世界規模での大流行で飲食業界は大きなダメージを受けましたが、この感染症を通じて多くのことを学びました。感染症が流行した時には、お店を介して感染拡大するリスクを減らすため、日頃からの対策を決めておきましょう。ここでは、感染症が発生した際にとるべき対策の一例についてまとめました。

[1] マスク、フェイスガードの着用

① 飛沫感染を防止するためにマスクやフェイスガードを着用することで、お客様にもお店を安心してご利用いただけます。

[マスクを着用した時に注意すること]

○ 目元の笑顔を意識する……口角を上げることで、目元で笑顔が作れます。

○ ハキハキとした声で話す……声がこもるので、一語一句をはっきりと。

○ ジェスチャーや身振り手振りで、言葉の足りない部分をカバーします。

[2] 手指のアルコール消毒／検温

① お客様が来店された時に、手指の消毒ができるように、アルコール消毒液を入口付近に用意しましょう。

② 入店前の検温を実施することで、より感染対策をとることができます。

[3] ソーシャルディスタンス

① 席と席の間隔を広く空けたり、席ごとにパーテーションを設置したりすることで、お客様同士の感染リスクを減らします。

4 換気や空気清浄機の活用

① 30分に一度、数分程度、窓や扉を開けて、空気の入れ替えをします。

② 空気清浄機を設置します。

5 メニュー、調味料などの個別提供

① メニューや調味料などはテーブルに備え付けておかず、その都度、テーブルまで消毒済みのものをお持ちします。

6 接客時のお客様との距離

① お客様が「近すぎる」と感じない距離をとりましょう。

② お客様との過度の会話は避けましょう。

7 会計時の接触を減らす

① 現金やレシートの受け渡しは、キャッシュトレイを使いましょう。

② 電子マネーやクレジットカードなどを使ってキャッシュレス化を（「巻末まとめ①」の電子マネーの表を参照）。

8 店内の消毒

① 手が触れるところは、消毒をしましょう。

○ お客様が使用された椅子やテーブル、個室であればドアノブなど、手で触れる場所の消毒を忘れずに行います。

○ 共用スペースであるトイレなども、定期的に掃除・消毒を行いましょう。

○ バックヤードにある調理器具やカウンターなど、使用するものは定期的に掃除・消毒を行いましょう。

9 白手袋やビニール手袋の活用

① 食器類を直接、手で触ることは、できるだけ避けましょう。

10 スタッフの感染予防対策と感染が疑われる場合の対応

① 体調管理を徹底しましょう。

② 通勤時に混雑した電車やバスに乗車する際は、マスクの着用をしましょう。

③ 出勤時は必ず手指の消毒を行い、かつ、非接触型体温測定器などで体温を計測するようにしましょう。

④ 就業前・就業中の手洗いまたは手指消毒を徹底しましょう。

⑤ 始業時には、健康状態の確認を行いましょう。

⑥ 体調がすぐれない場合は出勤を見合わせ、責任者の指示に従いましょう。

⑦ 感染が疑われる場合は、出勤を見合わせ、責任者に連絡し、その指示に従いましょう。

⑧ 出勤後に感染が疑われる症状が出た場合は、責任者に報告し、その指示に従いましょう。また検査を受けて状況を報告することが望ましい対応です。

あとがき

私の長年抱いてきた夢が、この一冊の本によって実現しました。

私はエブリワーク（旧 京都配ぜん人紹介所）という会社を通じて、毎年千人を超える〝配ぜん人〟と呼ばれる接客サービスのプロを養成し、一流のホテルやレストランへ紹介する仕事に従事しています。

接客の指導をするようになって10年を過ぎた頃から教育用マニュアルの作成に着手したのですが、全国の書店を探し回ってもなかなか参考となるような具体的な解説のある本がないと実感したのです。なければ、自分で作ろうかと考えたこともありましたが、学研の編集の方と出会い、後にベストセラーとなる『食べ方のマナーとコツ』（学研）という本の監修のご依頼を頂いたことがきっかけで、この本の出版に至りました。

最初の構想の段階から出版に至るまでお世話になった学研の皆さん、イラストレーターの山崎真理子さんをはじめとし、出版に際し監修やご指導やご協力を賜りました先輩諸氏、多くの関係者の皆様方に心から感謝を申し上げます。誠にありがとうございました。

長年にわたり、すこしずつ積み重ねた知識・経験が探し求めた一冊の本となり、業界からも大変注目され、高評価を頂いておりますが、発行からわずか5年の間に、世界は新型コロナウイルス感染症を経験し、そしてアフターコロナの時代に突入しました。この新しい時代の変化に柔軟に対応するため、感染症やインバウンド、キャッシュレスなどへの対応を組み入れ、今の時代に合ったホスピタリティとサービスのあり方について細部にわたって修正を加えました。

どうか、この本を手に取って頂いた読者の皆様が、接客の仕事を好きになってくれることを願います。そして、店舗やご自宅に一冊、接客の助けとなるマニュアル本として備えておいて頂きたい、また、ホテル学校や接客のことを学ぼうとされている皆様の教本の一つとして扱っていただけると幸いに思います。

私の著書「京都の一流ホテルだけに伝えた気配りの極意」（大和書房）の中で紹介していますが、接客の技術の向上を目指す大前提には、日頃のニコッとした笑顔や気持ちのよい挨拶が必要です。赤ちゃんのような笑顔は無条件に印象をよくし、気持ちのよい挨拶は周囲からの評価を上げます。お客様の前に出るときはもちろんのこと、日頃から笑顔や挨拶がしっかりできる人は、それだけで相手との心の距離を縮めることができます。相手を思いやる気持ちをもってこそ、そのような笑顔や挨拶が自然とできるようになるのです。

そのことを忘れずに、本書を通じて様々な技術を身に付け、さらにワンランク上のおもてなしの心をもった上質なサービスができるようになられんことを願っております。

２０２４年６月　渡邊忠司

『接客の基本とコツ』の刊行に寄せて

一般社団法人全国サービスクリエーター協会
会長　佐藤昭彦

本書は、料飲サービスの基本である「挨拶・身だしなみ」から、万全を期したつもりでも避けて通れない「トラブル時の対応」までを一冊にまとめた、これまでになかった教本です。

ホテル業界において「料飲」といえば、料理と飲食を扱う部門を指すわけですが、その中でも接客の専門的な知識や技術を身に付けた即戦力の人材を〝配ぜん人（サービスクリエーター）〟と呼んでいます。そのような即戦力として働くことができる人材を育成し、雇用の確保と労働条件の向上を目指す組織が、全国サービスクリエーター協会です。

料飲サービスの仕事は、お客様に食事を給仕する接客の仕事です。お客様の前では、新人であってもベテラン同様の立ち居振る舞いが求められます。

しかし、現代社会の深刻な問題の一つ、人材不足は我々の業界も同様です。十分な研修を受けないまま お客様の前に出なくてはならないケースも見受けられます。

著者の渡邊氏は、35年以上にわたり日本の伝統的宿泊形態である京都の老舗旅館、一流ホテルにおける国賓・VIPへのサービスに携わってきました。その経験を生かし、社員やアルバイトへのサービス研修の指導にもあたってこられました。

本書には、サービス経験だけでなく、多くの人材の指導、育成をしてきた経験があるからこそ気づく生きた情報が多数掲載されています。文章だけではわかりにくい部分も、イラストや動画で確認できる点も秀逸です。

これから料飲サービス業に憧れて就職を目指す方々、指導にあたれる人材がいない経営者・指導担当者の方にも活用できる内容です。

本教本によって、接客の基本とコツを理解し、接客・おもてなしの楽しさを感じ、サービス業の専門家としての職能を身につけた方々が増えていくことを期待しています。

渡邊忠司（ワタナベ・タダシ）

1964年生まれ。多くのホテリエを輩出する株式会社エブリワークに入社。現在は、同社代表取締役、全国サービスクリエーター協会相談役などを務める。ホテリエの養成と就職斡旋が評価され、平成26年に厚生労働大臣賞を受賞。皇室をはじめ国内外VIPへの接客の実績を活かした接客の講習会などを実施。著書に『京都の一流ホテルだけに伝えた気配りの極意』（大和書房）、『食べ方のマナーとコツ』（監修／Gakken）など。

増補改訂版
イラストで見る
接客の基本とコツ

2018年12月4日　初版第1刷発行
2024年7月23日　増補改訂版　第1刷発行

著者 ―――― 渡邊忠司（文）、山崎真理子（絵）
発行人 ―――― 土屋徹
編集人 ―――― 芳賀靖彦
企画・編集 ―――― 目黒哲也
発行所 ―――― 株式会社Gakken
〒141-8416
東京都品川区西五反田2-11-8
印刷所 ―――― 中央精版印刷株式会社
DTP ―――― 株式会社 四国写研

監修協力 ―――― 一般社団法人全国サービスクリエーター協会
坂本裕之
編集・構成 ―――― 川口真由美
ブックデザイン ―― 亀井敏夫
デザイン 協力 ―― 梅田海緒
イラスト協力 ―― 藤間保弘（アスタリスク）
編集協力 ―――― 原郷真里子
動画制作 ―――― 株式会社エブリワーク
動画協力 ―――― WITH YOU（京都）

［お客様へ］
【この本に関する各種お問い合わせ先】

○本の内容については、下記サイトのお問い合わせフォームよりお願いします。
https://www.corp-gakken.co.jp/contact/
○在庫については、TEL:03-6431-1250（販売部）
○不良品（落丁・乱丁）については TEL:0570-000577
学研業務センター　〒354-0045　埼玉県入間郡三芳町上富279-1
○上記以外のお問い合わせは　TEL:0570-056-710（学研グループ総合案内）